PONS

Verbtabellen Latein

von
Rainer Hahn

Ernst Klett Verlag
Stuttgart · Düsseldorf · Leipzig

PONS Verbtabellen Latein

von Rainer Hahn

1. Auflage A 1 4 3 2 1 | 2001 2000 1999

Internetadresse: http://www.pons.de
e-mail: info@pons.de

Redaktion: Günther Schmidt
Einbandgestaltung: Erwin Poell, Heidelberg;
Ilona Arfaoui, Stuttgart
Layout/Satz: TEXT GmbH, Stuttgart
Druck: Druckerei zu Altenburg, Altenburg
Printed in Germany.
ISBN 3-12-560988-7

Inhalt

So benutzen Sie dieses Buch

Sie wollen sich die Formen eines bestimmten Verbs einprägen und dabei auf Besonderheiten und Unregelmäßigkeiten aufmerksam gemacht werden, Sie möchten aber auch eine Verbform rasch und gezielt nachschlagen können.

Die PONS Verbtabellen Lateinisch bieten Ihnen übersichtliche Konjugationstabellen von regelmäßigen und unregelmäßigen Musterverben in allen Konjugationsklassen. Damit Sie die eher abstrakt anmutenden Formen auch zusammen mit ihren Bedeutungen einüben können, wird jede einzelne Form ins Deutsche übersetzt.

Die Abfolge der Tabellen der regelmäßigen Verben in den jeweiligen Konjugationsklassen ist immer die gleiche: zuerst Gegenüberstellung der Aktiv- und der Passivformen des Präsensstammes, dann der Formen, die vom Perfekt- bzw. vom Partizipialstamm abhängen, schließlich der Präsens- und der Perfektformen eines zu dieser Konjugationsklasse gehörenden Deponens.

Die Tabelle der Stammformen wichtiger Verben (Seite 66 ff.) ist nach Konjugationsklassen und der Art der Perfektbildung geordnet.

Aufbau der Konjugationstabellen und der Stammformen

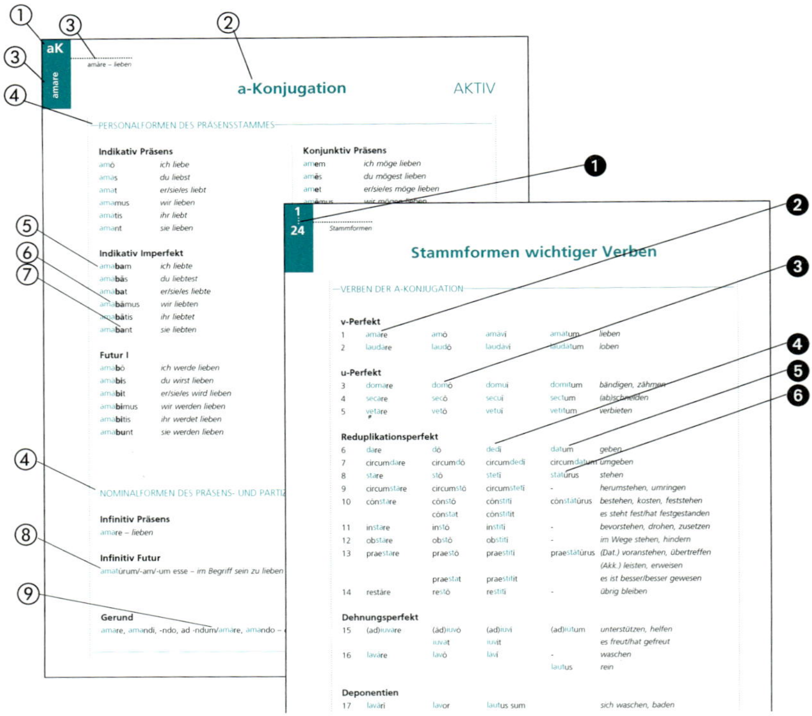

① Kürzel für die Konjugationsklasse: z. B. **aK** = a-Konjugation, **aD** = Deponens der a-Konjugation, **gK** = gemischte Konjugation; oder für die unregelmäßigen Verben: **uV**

② Konjugationsklasse

③ Musterverb

④ Die generelle Einteilung: oben die Personalformen, also solche, die die handelnden Personen angeben; unten die Nominalformen, also Formen, die nicht nach der Person bestimmt sind und deshalb dem Nomen nahe stehen

⑤ Der Stamm: Präsens-, Perfekt- und Partizipialstamm – beim PPP der Stock – : grün gekennzeichnet

⑥ Tempus- und Moduszeichen: fett hervorgehoben. Bei den zusammengesetzten Passivformen und den Formen von esse ist das Tempus- und Moduszeichen zur besseren Übersichtlichkeit jedoch nicht hervorgehoben.

⑦ Personalendung: in normaler Schrift

⑧ Das Partizip Futur und der aus ihm gebildete Infinitiv Futur sind zwar vom Partizipialstamm abgeleitet. Wegen ihrer aktiven Bedeutung sind sie aber immer den Formen des Präsensstammes zugeordnet.

⑨ Zwei alternativ gebräuchliche Akkusativ-Formen des Gerunds: ad amandum *oder* amāre

❶ Hinweis auf die laufenden Nummern der Stammformen auf dieser Seite

❷ Infinitiv Präsens

❸ 1. Person Singular Indikativ Präsens Aktiv

❹ 1. Person Singular Indikativ Perfekt Aktiv

❺ Neutrum des Partizips Perfekt Passiv (PPP)

❻ Wenn das PPP nicht gebräuchlich ist, Partizip Futur

Zusätzlich bietet dieses Buch:

- eine Liste der wichtigsten grammatischen Begriffe und ihrer Bedeutungen (Seite 6 f.)
- eine Darstellung des Systems der lateinischen Verbformen (Seite 8 ff.)
- eine alphabetische Liste der Verben in diesem Buch mit Verweis auf die laufende Nummer der Stammformen und auf das Konjugationsmuster (Seite 83 ff.)

Grammatische Begriffe

a. c. i.	„accusativus cum infinitivo" – Akkusativ mit Infinitiv
Ablativ	5. Fall der Deklination, auf die Frage *wovon/womit/wodurch?*
a-Konjugation	Beugungsart von Verben, deren Stamm auf ā endet
Aktiv	Tätigkeitsform des Verbs
Assimilation	Angleichung eines Mitlauts an den folgenden
defektive Verben	Verben, die nicht alle Formen bilden können
Deponens	Verb mit passiver Form und aktiver Bedeutung
Dreisilbenregel	→ Betonung der Verbformen (S. 13)
e-Konjugation	Beugungsart von Verben, deren Stamm auf ē endet
finite Formen	Verbformen mit Personalendungen
Futur I	einfache Zukunft
Futur II	vollendete Zukunft
gemischte (kurzvokalische) Konjugation	Beugungsart von Verben mit Elementen aus der konsonantischen und der i-Konjugation
Genus verbi	zusammenfassender Begriff für Aktiv/Tätigkeitsform und Passiv/Leideform
Gerund	aus einem Verb gebildetes Hauptwort *(das Leiden)*
Gerundiv	aus einem Verb gebildetes Eigenschaftswort (im Deutschen nicht vorhanden)
Halbdeponens	Verb, das teils normal gebeugt wird, teils sich wie ein → Deponens verhält
i-Konjugation	Beugungsart von Verben, deren Stamm auf ī endet
Imperfekt	1. Vergangenheit
Indikativ	Wirklichkeitsform
infinite Formen	Verbformen ohne Personalendungen (z. B. → Infinitiv, → Gerund, → Partizip), = → Nominalformen
Infinitiv	Grundform eines Verbs
intransitive Verben	Verben, die keine Ergänzung im 4. Fall haben und nur ein → unpersönliches Passiv bilden
Kompositum	zusammengesetztes Wort bzw. Verb
Konjugation	Beugung, Beugungsart von Verben
Konjunktiv	Möglichkeitsform
Konsonant	Mitlaut
konsonantische Konjugation	Beugungsart von Verben, deren Stamm auf einen Mitlaut endet
Modus	zusammenfassender Begriff für → Indikativ und → Konjunktiv
Nomen	Wort, das wie ein Hauptwort gebeugt werden kann (bes. Substantiv/Hauptwort, Adjektiv/Eigenschaftswort, Pronomen/Fürwort)
Nominalformen	Verbformen ohne Personalendungen, = → infinite Formen
Numerus	Zahl (Einzahl/Mehrzahl)

Partizip	Mittelwort
Partizip Futur (Aktiv)	Mittelwort der Zukunft
Partizip Perfekt Passiv	Mittelwort der Vergangenheit (mit → passiver Bedeutung)
Partizip Präsens Aktiv	Mittelwort der Gegenwart (mit → aktiver Bedeutung)
Partizipialformen	Verbformen, die mit dem → PPP gebildet werden
Partizipialstamm	→ Stamm des → PPP, mit dem die passiven Formen der 2. und 3. Vergangenheit und der vollendeten Zukunft gebildet werden
Passiv	Leideform des Verbs
Perfekt	2. Vergangenheit
Perfektstamm	→ Stamm eines Verbs, mit dem die aktiven Formen der 2. und 3. Vergangenheit und der vollendeten Zukunft gebildet werden
Personalendung	Endung eines Verbs, die auf eine Person bezogen ist
Personalformen	Verbformen mit → Personalendung; Gegensatz: → Nominalformen
persönliches Passiv	Passivform, deren Subjekt eine Person ist *(ich, du, er, sie, wir, ihr sie)*
Plural	Mehrzahl
Plusquamperfekt	3. Vergangenheit
PPA	→ Partizip Präsens Aktiv
PPP	→ Partizip Perfekt Passiv
Präfix	Vorsilbe
Präsens	Gegenwart
Präsensstamm	→ Stamm eines Verbs, mit dem besonders die aktiven und passiven Formen der Gegenwart, der einfachen Zukunft und der 1. Vergangenheit gebildet werden
Pronomen	Fürwort
Reduplikation	Verdoppelung einer Silbe
Semideponens	Verb, das teils normal gebeugt wird, teils sich wie ein → Deponens verhält
Simplex	einfaches Verb
Singular	Einzahl
Stamm	unveränderlicher Teil eines Wortes/Verbs
Stammformen	die Formen eines Verbs, die die verschiedenen → Stämme enthalten (→ Präsensstamm, → Perfektstamm, → Partizipialstamm)
Substantiv	Hauptwort
Supin(um) I und II	erstarrte Formen eines alten Verbalsubstantivs: audītu *(zu hören)* und auditum *(um zu hören)*
transitive Verben	Verben mit einer Ergänzung im 4. Fall und der Möglichkeit, ein → persönliches Passiv zu bilden
unpersönliches Passiv	Passivform, deren Subjekt keine Person ist (z. B. *es wird geholfen:* 3. Person Singular)
Verb	Tätigkeits-, Zeitwort
Verba defectiva	Verben, die nicht alle Formen bilden können
Vokal	Selbstlaut

Das System der lateinischen Verbformen

Einteilung der Formen

Die Formen der lateinischen Verben lassen sich in zwei große Gruppen unterteilen:
Personalformen (finite Formen), d. h. solche, die durch Personalendungen gekennzeichnet sind, z.B.: amō *(ich liebe),* videātis *(ihr möget sehen),* rexērunt *(sie haben gelenkt),* capiēbantur *(sie wurden gefangen),* und
Nominalformen (infinite Formen), d. h. solche, die hinsichtlich der Person nicht bestimmt (also infinit) sind. Das sind:

- Infinitive (Grundformen): vidēre *(sehen),* rēxisse *(gelenkt haben);*
- Partizipien – Partizip Präsens Aktiv: regēns *(lenkend)* – Partizip Perfekt Passiv, kurz PPP genannt: amātus *(geliebt)* – Partizip Futur Aktiv: audītūrus *(einer, der hören wird);* das Partizip Futur und der damit zusammengesetzte Infinitiv Futur sind in den Konjugationstabellen regelmäßig bei den Formen des Präsens aufgeführt, weil sie nach der Wortbedeutung dorthin gehören; von der Bildung her (vom PPP abgeleitet) gehören sie zu den Formen des Partizipialstammes;
- Gerund (das Verbalsubstantiv): amandī *(des Liebens),* und Gerundiv (das Verbaladjektiv): amanda *(die liebenswerte);*
- Supina (zwei erstarrte Formen eines alten Verbalsubstantivs): audītum *(um zu hören),* audītu *(zu hören).*

Diese Nominalformen können zum größten Teil wie andere Nomina, also z. B. Substantive oder Adjektive, gebeugt werden.

Die Konjugationen

Man teilt die lateinischen Verben in fünf Klassen ein, die man nach dem jeweiligen Auslaut des Präsensstammes benennt:

- a-Konjugation – laudāre,
- e-Konjugation – vidēre,
- i-Konjugation – audīre,
- konsonantische Konjugation – regere,
- gemischte (kurzvokalische) Konjugation – capere, capitur.

Diese Einteilung ist deshalb wichtig, weil die Formenbildung in den einzelnen Konjugationen z.T. erhebliche Unterschiede aufweist.

Die Stammformen

Mit Hilfe der vier Stammformen (so genannt, weil im Infinitiv bzw. der 1. Person Präsens der Präsensstamm, im Perfekt der Perfektstamm und im PPP der Partizipialstamm enthalten ist) können alle möglichen Verbformen gebildet werden:

• Infinitiv Präsens Aktiv:	laudāre	vidēre	audīre	regere	capere
• 1. Person Präsens Aktiv:	laudō	videō	audiō	regō	capiō
• 1. Person Perfekt Aktiv:	laudāvī	vīdī	audīvī	rēxī	cēpī
• Partizip Perfekt Passiv:	laudātum	vīsum	audītum	rēctum	captum

Der Perfektstamm entsteht auf fünf verschiedene Arten aus dem Präsensstamm:

• v-Perfekt:	laudā- + v	→	laudāv-
• u-Perfekt:	mone- + u	→	monu-
• Dehnungsperfekt:	vid- (kurzes i)	→	vīd- (langes ī)
• s-Perfekt:	reg- + s	→	rēgs- → rēx-
• Reduplikationsperfekt:	curr-	→	cucurr- (Verdoppelung des Stammkonsonanten)

Die Bildung der Personalformen

Jede Verbform enthält fünf Informationen, und zwar in Bezug auf

- die Person *(ich – du – er/sie/es …)*,
- den Numerus (Singular – Plural: *ich – wir)*,
- das Tempus, die Zeitstufe *(ich lebe – ich lebte)*,
- den Modus (Indikativ – Konjunktiv: *er sah – er sehe)*,
- das Genus verbi (Aktiv – Passiv: *ich sehe – ich werde gesehen)*.

Da sich die Art und Weise, wie diese Informationen in den Formen angeordnet sind, von der Anordnung bei deutschen Verben z.T. erheblich unterscheidet, sollten die folgenden Grundsätze streng beachtet werden:

Formen des Präsensstammes im Aktiv und Passiv: Präsens, Imperfekt, Futur I

Im Unterschied zum Deutschen (z. B. *du wirst gesehen werden* – vier Wörter) sind im Lateinischen **alle Informationen in einem Wort** enthalten (vidēberis). Dabei gelten folgende Regeln:

In der **a-, e-** und **i-Konjugation** gibt es einen schematischen Aufbau – Beispiel: audīrētur *(er würde gehört werden)*:

audī-	**-rē-**	-tur
Präsensstamm	Tempus- bzw. Moduszeichen	Personalendung (Person und Numerus)

Häufig tritt in der **konsonantischen und der gemischten Konjugation** zwischen Stamm und Tempus-/Moduszeichen ein **Bindevokal**, manchmal auch in der i-Konjugation Beispiel: regerētur *(er würde gelenkt werden)*:

reg-	**-e-**	**-rē-**	-tur
Präsensstamm	Bindevokal	Tempus- bzw. Moduszeichen	Personalendung (Person und Numerus)

Hier nun die Bildungselemente:

- aktive Personalendungen: -ō (manchmal auch -m), -s, -t, -mus, -tis, -nt;
- passive Personalendungen : -r, -ris, -tur, -mur, -minī, -ntur;
- die Tempuszeichen (Indikativ):
  Präsens: kein Tempuszeichen;
  Imperfekt: **-ba-**;
  Futur I: in der a- und der e-Konjugation **-b-**, **-bi-**, **-bu-**; in den anderen Konjugationen **-e-** (bzw. **-a-** in der 1. Person);
- die Moduszeichen (Konjunktiv):
  Konjunktiv Präsens: in der a-Konjugation **-e-**, in den anderen Konjugationen **-a-**;
  Konjunktiv Imperfekt: **-re-**.

Weitere Beispiele:
amā-**ba-**nt: amā- = Präsensstamm – **-ba-** = Indikativ Imperfekt – -nt = 3. Person Plural Aktiv; amābant – *sie liebten;*
reg-ē-minī: reg- = Präsensstamm – **-ē-** = Tempuszeichen Futur I – -minī = 2. Person Plural Passiv; regēminī – *ihr werdet geleitet werden;*
audi-u-nt: audi- = Präsensstamm – -u- = Bindevokal – -nt = 3. Person Plural Aktiv; audiunt – *sie hören.*

Formen des Perfektstammes im Aktiv: Perfekt, Plusquamperfekt, Futur II

Ebenfalls im Gegensatz zum Deutschen *(er wird gesehen haben* – vier Wörter) sind auch hier alle Informationen in einem Wort enthalten, und zwar in folgender unkomplizierter Weise: Perfektstamm + Personalendung (die jeweils für Tempus, Numerus, Modus und Person eindeutig festgelegt ist; die Endungen des Konjunktivs Perfekt und des Futur II sind allerdings ab der 2. Person Singular identisch).

Beispiel: amāv-istī – *du hast geliebt* (Indikativ Perfekt)
amāv-erit – *er habe geliebt* (Konj. Perf.) oder *er wird geliebt haben* (Futur II)
amāv-erāmus – *wir hatten geliebt* (Indikativ Plusquamperf.)
amāv-issētis – *ihr hättet geliebt* (Konj. Plusquamperf.)
amāv-erint – *sie haben geliebt* (Konj. Perf.) oder *sie werden geliebt haben* (Futur II)

Formen des Partizipialstammes im Passiv: Perfekt, Plusquamperfekt Futur II

Das Bildungsprinzip entspricht im Wesentlichen dem deutschen: Die Formen bestehen aus dem PPP und einer Form von esse bzw. *sein*. Einzige Unterschiede: *worden* wird im Lateinischen nicht ausgedrückt, und die Stellung ist meist umgekehrt.

Beispiele:	captus	sum		
	(gefangen worden	*ich bin*	→	*ich bin gefangen worden)*
	captī	essent		
	(gefangen worden	*sie wären*	→	*sie wären gefangen worden)*

Deponentien

Eine Reihe von Verben hat zwar aktive Bedeutung, aber fast nur passive Formen. Sie heißen Deponentien (Verba deponentia nach: dēpōnere = *ablegen*; sie haben ihre aktiven Formen abgelegt). Da sie keinen Perfektstamm im Aktiv bilden, besitzen sie nur drei Stammformen: cōnārī, cōnor, cōnātus sum *(versuchen, ich versuche, ich habe versucht)*.
Die so genannten Halbdeponentien oder Semideponentien haben im Präsensstamm aktive, im Perfektstamm passive Formen: gaudēre, gaudeō, gāvīsus sum *(sich freuen, ich freue mich, ich habe mich gefreut)*. Es gibt auch den umgekehrten Fall: revertī, revertor, revertī *(zurückkehren, ich kehre zurück, ich bin zurückgekehrt)*. Hier hat der Präsensstamm passive Formen, der Perfektstamm aktive Formen.

Unregelmäßige Verben

Eine Reihe von Verben bilden ihre Formen teilweise anders als oben dargestellt: esse *(sein)*, prōdesse *(nützen)*, posse *(können)*, īre *(gehen)*, velle *(wollen)*, ferre *(tragen)*, fierī *([gemacht] werden)*. Ihre Konjugationen werden jeweils in eigenen Tabellen dargestellt.

Defektive Verben (Verba defectiva)

Einige Verben können nicht alle Formen bilden; sie sind defektiv (von dēficere – *fehlen*). Man unterscheidet zwei Gruppen:

- Verben, die nur Formen des Perfektstammes bilden:
  ōdī – *ich hasse;* meminī – *ich erinnere mich, ich denke an;* nōvī – *ich kenne, ich weiß* (von noscere – *kennen lernen;* nōvī bedeutet eigentlich: *ich habe kennen gelernt);* cōnsuēvī – *ich bin gewohnt, ich pflege* (von cōnsuescere), coepī – *ich habe angefangen* (Ersatzform für das fehlende Perfekt von incipere).
  Die Funktionsweise solcher Verben ist in den Konjugationstabellen ōdisse bzw. meminisse beschrieben.
- Verben, die nur vereinzelte Formen bilden können:
  āiō – *ich sage;* ais – *du sagst;* ait – *er sagt/sagte* (am häufigsten); āiunt – *sie sagen, man sagt;* ain? – *meinst du?*
  inquam – *ich sage/sage ich;* inquis – *du sagst/sagst du;* inquit – *er sagt(e)/sagt(e) er* (am häufigsten); inquiunt – *sie sagen/sagen sie;* inquiēs – *du wirst sagen/wirst du sagen;* inquiet – *er wird sagen/wird er sagen.* – Diese Formen werden nur eingeschoben in die direkte Rede angewandt.
  quaesō – *(ich) bitte;* quaesumus – *(wir) bitte(n).*
  avē, avēte – *sei gegrüßt, seid gegrüßt;* salvē, salvēte – *sei gegrüßt, seid gegrüßt.*

Kurzformen, Nebenformen und Ausnahmen

Vor **r** und **s** fallen manchmal bei Formen wie amā**vērunt**, audī**vissem ve** bzw. **vi** aus: → amā**runt**, audī**ssent**.

In der i-Konjugation, der konsonantischen und der gemischten Konjugation fällt gelegentlich **v** vor **r** aus: audī**vērunt** → audi**ērunt**, petī**vērunt** → peti**ērunt**.
In allen Konjugationen wird zuweilen die Perfektform amāv**ērunt**, monu**ērunt**, cēp**ērunt** u. a. durch die Kurzform amāv**ēre,** monu**ēre,** cēp**ēre** ersetzt.
In der 2. Person Singular Passiv kommt statt der Endung **-ris** auch (selten) **-re** vor: abūtē**re**, amābe**re**.
Abweichend von der normalen Imperativform wie age wird bei vier Verben das **e** abgeworfen: **dīc, dūc, fac, fer.**

Komposita

Der größere Teil der lateinischen Verben besteht aus Komposita, d. h. zusammengesetzten Verben. Dabei tritt vor das einfache Verb (Simplex) eine Vorsilbe (Präfix) und verändert die Grundbedeutung. Dieser Vorgang ist auch im Deutschen zu beobachten.
Beispiel: pōnere *(setzen, stellen, legen)* – **dē**pōnere *(**ab**legen)* – **com**pōnere *(**zusammen**-stellen)* – **ap**pōnere *(**hinzu**stellen)*.
Bei manchen Verben ist der Vorgang der **Assimilation** zu beobachten: Der Konsonant am Ende der Vorsilbe gleicht sich an den Anfangskonsonanten des Simplex an oder wird ihm ähnlich (**ad**pōnere → **ap**pōnere); manchmal wird er auch ausgestoßen (**dis**mittere → **dī**-mittere).
Aus den Beispielen geht hervor, dass der Lernaufwand erheblich reduziert werden kann, wenn man die Bedeutungen der Vorsilben kennt. Über die Hälfte der Komposita braucht man nämlich nicht mehr zu lernen, weil man die Bedeutungen aus der Vorsilbe und dem Simplex erschließen kann. Im Folgenden die **wichtigsten Vorsilben** und einige durch Assimilation oder Ausfall mögliche Varianten:

ab-, ā-, abs-, as-	*ab-, weg-* (abīre – *weggehen)*
ad-, ac-, af-, ag-, ap-, ar-, at-	*an-, zu-, hin-* (advenīre – *ankommen)*
ante-	*vor-, voran-* (anteīre – *vorangehen)*
circum-	*um-, umher-* (circumīre – *umhergehen, umzingeln)*
con-, co-, col-, com-, cor-	*zusammen-* (comportāre – *zusammentragen);* auch zur Verstärkung (collaudāre – *sehr loben)*
dē-	*herab-, weg-, über-* (dēcēdere – *weggehen;* dēscrībere – *über etwas schreiben);* auch zur Verstärkung (dēvincere – *völlig besiegen)*
dis-, dī-, dif-, dir-	*weg-, auseinander-* (dīmittere – *wegschicken;* distrahere – *auseinanderziehen, zerreißen)*
ex-, ē-, ef-	*aus-, heraus-, empor-* (exigere – *heraustreiben;* ēligere – *auslesen)*
in-, ig-, il-, im-, ir-	*(hin-)ein-, an-* (implēre – *ein-/anfüllen)*
inter-	*zwischen-, unter-* (intermittere – *[da-]zwischenlegen, unterbrechen;* interdīcere – *untersagen)*
intrō-	*hinein-* (intrōdūcere – *hineinführen)*
ne-, neg-	*nicht* (nescīre – *nicht wissen;* neglegere – *nicht achten, vernachlässigen)*

ob-, oc-, of-, op-	*entgegen-, hin-* (occurrere – *entgegenlaufen;* offerre – *„entgegen-, hinhalten", anbieten;* ostendere – *„entgegen-, hinhalten", zeigen)*
per-	*durch-, hindurch-, hin-* (perdūcēre – *durch-, hindurch-, hinführen);* auch zur Verstärkung (persuādēre – *„gründlich, bis zum Erfolg raten", überreden, überzeugen)*
prae-	*vor-, voraus-, voran-, vorbei-* (praedīcere – *voraussagen;* praecurrere – *„vorauseilen", zuvorkommen, „vorbeieilen", überholen)*
praeter-	*vorüber-, vorbei-* (praetervehī – *vorüberfahren;* praeterīre – *vorbeigehen, übergehen)*
prō-, prōd-	*vor-, hervor-, voraus-* (prōvidere – *vorausschauen, [für etwas] sorgen)*
re-, red-	*zurück-, wieder-, entgegen-* (rescrībere – *zurückschreiben, [schriftlich] antworten;* reficere – *wiederherstellen;* resistere – *sich entgegenstellen, sich widersetzen)*
sē-	*ent-, weg-* (sēparāre – *„auseinanderbereiten", trennen)*
sub-, suc-, sup-, sus-	*unter-, (von) unten* (supprimere – *unterdrücken)*
trāns-, trā-	*(hin-)über-* (trānscendere – *übersteigen)*

Betonung der Verbformen

Da sich bei manchen Verben die Betonung von einer Silbe auf die Nachbarsilbe verschieben kann (Beispiel: perágere, péragō), sollen hier kurz die beiden wichtigsten Betonungsregeln in vereinfachter Form aufgeführt werden.

- Die **Dreisilbenregel** besagt: Ein lateinisches Wort wird – mit wenigen Ausnahmen – nicht auf der letzten, sondern auf der vorletzten Silbe betont, wenn diese lang ist, oder auf der drittletzten Silbe, wenn die vorletzte kurz ist.
- Die Regel über die **Positionslänge** besagt: Ein an sich kurzer Vokal wird als lang angesehen, wenn auf ihn zwei oder mehr Konsonanten folgen.

Diese Regeln finden für die Betonung der Verbformen folgende praktische Anwendung:
Auf der *vorletzten Silbe* werden betont

- alle *zweisilbigen* Formen ohne Rücksicht auf Längen oder Kürzen,
- alle Formen, deren *vorletzte Silbe lang* ist – in Lehrbüchern und Nachschlagewerken wie diesem im Allgemeinen durch einen Balken auf dem Vokal gekennzeichnet (vid**ē**re, laud**ā**mus, ēv**ā**sī, amāv**ē**runt),
- alle Formen, auf deren vorletzten Vokal *zwei oder mehr Konsonanten* oder ein *Doppelkonsonant* folgen (z. B. teté**nd**ī, contí**ng**unt, oppré**ss**um).

Alle übrigen Formen haben die Betonung *auf der drittletzten Silbe*: pátuī, répetis, cóntrahunt, monúerint, póterat.

a-Konjugation

AKTIV

PERSONALFORMEN DES PRÄSENSSTAMMES

Indikativ Präsens

amō	*ich liebe*
amās	*du liebst*
amat	*er/sie/es liebt*
amāmus	*wir lieben*
amātis	*ihr liebt*
amant	*sie lieben*

Indikativ Imperfekt

amā**ba**m	*ich liebte*
amā**bā**s	*du liebtest*
amā**ba**t	*er/sie/es liebte*
amā**bā**mus	*wir liebten*
amā**bā**tis	*ihr liebtet*
amā**ba**nt	*sie liebten*

Futur I

amā**b**ō	*ich werde lieben*
amā**bi**s	*du wirst lieben*
amā**bi**t	*er/sie/es wird lieben*
amā**bi**mus	*wir werden lieben*
amā**bi**tis	*ihr werdet lieben*
amā**bu**nt	*sie werden lieben*

Konjunktiv Präsens

am**e**m	*ich möge lieben*
am**ē**s	*du mögest lieben*
am**e**t	*er/sie/es möge lieben*
am**ē**mus	*wir mögen lieben*
am**ē**tis	*ihr möget lieben*
am**e**nt	*sie mögen lieben*

Konjunktiv Imperfekt

amā**re**m	*ich würde lieben*
amā**rē**s	*du würdest lieben*
amā**re**t	*er/sie/es würde lieben*
amā**rē**mus	*wir würden lieben*
amā**rē**tis	*ihr würdet lieben*
amā**re**nt	*sie würden lieben*

Imperativ

amā	*liebe!*
amāte	*liebt!*

Imperativ Futur

amātō	*du sollst lieben!*
amātō	*er/sie/es soll lieben!*
amātōte	*ihr sollt lieben!*
amantō	*sie sollen lieben!*

NOMINALFORMEN DES PRÄSENS- UND PARTIZIPIALSTAMMES

Infinitiv Präsens

amāre – *lieben*

Infinitiv Futur

amātūrum/-am/-um esse – *im Begriff sein zu lieben*

Partizip Präsens

amāns, amantis – *liebend; einer/eine/eins, der/die/das liebt*

Partizip Futur

amātūrus/-a/-um – *einer/eine/eins, der/die/das lieben wird*

Gerund

amāre, amandī, -ndo, ad -ndum/amāre, amando – *das Lieben, des Liebens, dem Lieben usw.*

PASSIV a-Konjugation

PERSONALFORMEN DES PRÄSENSSTAMMES

Indikativ Präsens

amor	*ich werde geliebt*
amāris	*du wirst geliebt*
amātur	*er/sie/es wird geliebt*
amāmur	*wir werden geliebt*
amāminī	*ihr werdet geliebt*
amantur	*sie werden geliebt*

Indikativ Imperfekt

amā**bar**	*ich wurde geliebt*
amā**bā**ris	*du wurdest geliebt*
amā**bā**tur	*er/sie/es wurde geliebt*
amā**bā**mur	*wir wurden geliebt*
amā**bā**minī	*ihr wurdet geliebt*
amā**ba**ntur	*sie wurden geliebt*

Futur I

amā**bor**	*ich werde geliebt werden*
amā**be**ris	*du wirst geliebt werden*
amā**bi**tur	*er/sie/es wird geliebt werden*
amā**bi**mur	*wir werden geliebt werden*
amā**bi**minī	*ihr werdet geliebt werden*
amā**bu**ntur	*sie werden geliebt werden*

Konjunktiv Präsens

am**er**	*ich möge geliebt werden*
am**ē**ris	*du mögest geliebt werden*
am**ē**tur	*er/sie/es möge geliebt werden*
am**ē**mur	*wir mögen geliebt werden*
am**ē**minī	*ihr möget geliebt werden*
am**e**ntur	*sie mögen geliebt werden*

Konjunktiv Imperfekt

amā**rer**	*ich würde geliebt werden*
amā**rē**ris	*du würdest geliebt werden*
amā**rē**tur	*er/sie/es würde geliebt werden*
amā**rē**mur	*wir würden geliebt werden*
amā**rē**minī	*ihr würdet geliebt werden*
amā**re**ntur	*sie würden geliebt werden*

Imperativ

–

Imperativ Futur

–

NOMINALFORMEN DES PRÄSENS- UND PARTIZIPIALSTAMMES

Infinitiv Präsens

amārī – *geliebt (zu) werden*

Infinitiv Futur

amātum īrī – *in Zukunft geliebt (zu) werden*

Partizip Präsens

–

Partizip Futur

–

Gerundiv

amandus/-a/-um – *liebenswert; einer/eine/eins, der/die/das geliebt wird/werden muss*

a-Konjugation

AKTIV

PERSONALFORMEN DES PERFEKTSTAMMES

Indikativ Perfekt

amāvī	*ich habe geliebt*
amāvistī	*du hast geliebt*
amāvit	*er/sie/es hat geliebt*
amāvimus	*wir haben geliebt*
amāvistis	*ihr habt geliebt*
amāvērunt	*sie haben geliebt*

Indikativ Plusquamperfekt

amāveram	*ich hatte geliebt*
amāverās	*du hattest geliebt*
amāverat	*er/sie/es hatte geliebt*
amāverāmus	*wir hatten geliebt*
amāverātis	*ihr hattet geliebt*
amāverant	*sie hatten geliebt*

Futur II

amāverō	*ich werde geliebt haben*
amāveris	du wirst geliebt haben
amāverit	*er/sie/es wird geliebt haben*
amāverimus	*wir werden geliebt haben*
amāveritis	*ihr werdet geliebt haben*
amāverint	*sie werden geliebt haben*

Konjunktiv Perfekt

amāverim	*ich habe geliebt*
amāveris	*du habest geliebt*
amāverit	*er/sie/es habe geliebt*
amāverimus	*wir haben geliebt*
amāveritis	*ihr habet geliebt*
amāverint	*sie haben geliebt*

Konjunktiv Plusquamperfekt

amāvissem	*ich hätte geliebt*
amāvissēs	*du hättest geliebt*
amāvisset	*er/sie/es hätte geliebt*
amāvissēmus	*wir hätten geliebt*
amāvissētis	*ihr hättet geliebt*
amāvissent	*sie hätten geliebt*

NOMINALFORMEN DES PERFEKTSTAMMES

Infinitiv Perfekt Aktiv

amāvisse – *geliebt (zu) haben*

Partizip Perfekt Aktiv

–

PASSIV a-Konjugation

PERSONALFORMEN DES PARTIZIPIALSTAMMES

Indikativ Perfekt

amātus/-a/-um sum	*ich bin geliebt worden*
amātus/-a/-um es	*du bist geliebt worden*
amātus/-a/-um est	*er/sie/es ist geliebt worden*
amātī/-ae/-a sumus	*wir sind geliebt worden*
amātī/-ae/-a estis	*ihr seid geliebt worden*
amātī/-ae/-a sunt	*sie sind geliebt worden*

Indikativ Plusquamperfekt

amātus/-a/-um eram	*ich war geliebt worden*
amātus/-a/-um erās	*du warst geliebt worden*
amātus/-a/-um erat	*er/sie/es war geliebt worden*
amātī/-ae/-a erāmus	*wir waren geliebt worden*
amātī/-ae/-a erātis	*ihr wart geliebt worden*
amātī/-ae/-a erant	*sie waren geliebt worden*

Futur II

amātus/-a/-um erō	*ich werde geliebt worden sein*
amātus/-a/-um eris	*du wirst geliebt worden sein*
amātus/-a/-um erit	*er/sie/es wird geliebt worden sein*
amātī/-ae/-a erimus	*wir werden geliebt worden sein*
amātī/-ae/-a eritis	*ihr werdet geliebt worden sein*
amātī/-ae/-a erunt	*sie werden geliebt worden sein*

Konjunktiv Perfekt

amātus/-a/-um sim	*ich sei geliebt worden*
amātus/-a/-um sīs	*du seist geliebt worden*
amātus/-a/-um sit	*er/sie/es sei geliebt worden*
amātī/-ae/-a sīmus	*wir seien geliebt worden*
amātī/-ae/-a sītis	*ihr seiet geliebt worden*
amātī/-ae/-a sint	*sie seien geliebt worden*

Konjunktiv Plusquamperfekt

amātus/-a/-um essem	*ich wäre geliebt worden*
amātus/-a/-um essēs	*du wärest geliebt worden*
amātus/-a/-um esset	*er/sie/es wäre geliebt worden*
amātī/-ae/-a essēmus	*wir wären geliebt worden*
amātī/-ae/-a essētis	*ihr wäret geliebt worden*
amātī/-ae/-a essent	*sie wären geliebt worden*

NOMINALFORMEN DES PARTIZIPIALSTAMMES

Infinitiv Perfekt Passiv

amātum/-am/-um esse – *geliebt worden (zu) sein*

Partizip Perfekt Passiv

amātus/-a/-um – *einer/eine/eins, der/die/das geliebt worden ist*

Deponens der a-Konjugation

PERSONALFORMEN DES PRÄSENSSTAMMES

Indikativ Präsens

hortor	*ich ermahne*
hortāris	*du ermahnst*
hortātur	*er ermahnt*
hortāmur	*wir ermahnen*
hortāminī	*ihr ermahnt*
hortantur	*sie ermahnen*

Indikativ Imperfekt

hortā**ba**r	*ich ermahnte*
hortā**bā**ris	*du ermahntest*
hortā**bā**tur	*er ermahnte*
hortā**bā**mur	*wir ermahnten*
hortā**bā**minī	*ihr ermahntet*
hortā**ba**ntur	*sie ermahnten*

Futur I

hortā**bo**r	*ich werde ermahnen*
hortā**be**ris	*du wirst ermahnen*
hortā**bi**tur	*er wird ermahnen*
hortā**bi**mur	*wir werden ermahnen*
hortā**bi**minī	*ihr werdet ermahnen*
hortā**bu**ntur	*sie werden ermahnen*

Konjunktiv Präsens

hort**ē**r	*ich möge ermahnen*
hort**ē**ris	*du mögest ermahnen*
hort**ē**tur	*er möge ermahnen*
hort**ē**mur	*wir mögen ermahnen*
hort**ē**minī	*ihr möget ermahnen*
hort**e**ntur	*sie mögen ermahnen*

Konjunktiv Imperfekt

hortā**re**r	*ich würde ermahnen*
hortā**rē**ris	*du würdest ermahnen*
hortā**rē**tur	*er würde ermahnen*
hortā**rē**mur	*wir würden ermahnen*
hortā**rē**minī	*ihr würdet ermahnen*
hortā**re**ntur	*sie würden ermahnen*

Imperativ

hortāre	*ermahne!*
hortāminī	*ermahnt!*

Imperativ Futur

hortātor	*du sollst ermahnen!*
hortātor	*er/sie/es soll ermahnen!*
–	
hortāntor	*sie sollen ermahnen!*

NOMINALFORMEN DES PRÄSENS- UND PRATIZIPIALSTAMMES

Infinitiv Präsens

hortārī – *ermahnen*

Infinitiv Futur

hortātūrum/-am/-um esse – *im Begriff sein zu ermahnen*

Partizip Präsens

hortāns, hortantis – *ermahnend; einer/eine/eins, der/die/das ermahnt*

Partizip Futur

hortātūrus/-a/-um – *einer/eine/eins, der/die/das ermahnen wird*

Gerund und Gerundiv

hortārī, hortandī usw. – *das Ermahnen usw.;* hortandus/-a/-um – *einer/eine/eins, der/die/das ermahnt wird/werden muß*

Deponens der a-Konjugation

PERSONALFORMEN DES PARTIZIPIALSTAMMES

Indikativ Perfekt

hortātus/-a/-um sum	*ich habe ermahnt*
hortātus/-a/-um es	*du hast ermahnt*
hortātus/-a/-um est	*er/sie/es hat ermahnt*
hortātī/-ae/-a sumus	*wir haben ermahnt*
hortātī/-ae/-a estis	*ihr habt ermahnt*
hortātī/-ae/-a sunt	*sie haben ermahnt*

Indikativ Plusquamperfekt

hortātus/-a/-um eram	*ich hatte ermahnt*
hortātus/-a/-um erās	*du hattest ermahnt*
hortātus/-a/-um erat	*er/sie/es hatte ermahnt*
hortātī/-ae/-a erāmus	*wir hatten ermahnt*
hortātī/-ae/-a erātis	*ihr hattet ermahnt*
hortātī/-ae/-a erant	*sie hatten ermahnt*

Futur II

hortātus/-a/-um erō	*ich werde ermahnt haben*
hortātus/-a/-um eris	*du wirst ermahnt haben*
hortātus/-a/-um erit	*er/sie/es wird ermahnt haben*
hortātī/-ae/-a erimus	*wir werden ermahnt haben*
hortātī/-ae/-a eritis	*ihr werdet ermahnt haben*
hortātī/-ae/-a erunt	*sie werden ermahnt haben*

Konjunktiv Perfekt

hortātus/-a/-um sim	*ich habe ermahnt*
hortātus/-a/-um sīs	*du habest ermahnt*
hortātus/-a/-um sit	*er/sie/es habe ermahnt*
hortātī/-ae/-a sīmus	*wir haben ermahnt*
hortātī/-ae/-a sītis	*ihr habet ermahnt*
hortātī/-ae/-a sint	*sie haben ermahnt*

Konjunktiv Plusquamperfekt

hortātus/-a/-um essem	*ich hätte ermahnt*
hortātus/-a/-um essēs	*du hättest ermahnt*
hortātus/-a/-um esset	*er/sie/es hätte ermahnt*
hortātī/-ae/-a essēmus	*wir hätten ermahnt*
hortātī/-ae/-a essētis	*ihr hättet ermahnt*
hortātī/-ae/-a essent	*sie hätten ermahnt*

NOMINALFORMEN DES PARTIZIPIALSTAMMES

Infinitiv Perfekt

hortātum/-am/-um esse – *ermahnt (zu) haben*

Partizip Perfekt

hortātus/-a/-um – *einer/eine/eins, der/die/das ermahnt hat*

e-Konjugation

AKTIV

PERSONALFORMEN DES PRÄSENSSTAMMES

Indikativ Präsens

moneō	*ich ermahne*
monēs	*du ermahnst*
monet	*er/sie/es ermahnt*
monēmus	*wir ermahnen*
monētis	*ihr ermahnt*
monent	*sie ermahnen*

Indikativ Imperfekt

monē**ba**m	*ich ermahnte*
monē**bā**s	*du ermahntest*
monē**ba**t	*er/sie/es ermahnte*
monē**bā**mus	*wir ermahnten*
monē**bā**tis	*ihr ermahntet*
monē**ba**nt	*sie ermahnten*

Futur I

monē**b**ō	*ich werde ermahnen*
monē**bi**s	*du wirst ermahnen*
monē**bi**t	*er/sie/es wird ermahnen*
monē**bi**mus	*wir werden ermahnen*
monē**bi**tis	*ihr werdet ermahnen*
monē**bu**nt	*sie werden ermahnen*

Konjunktiv Präsens

mone**a**m	*ich möge ermahnen*
mone**ā**s	*du mögest ermahnen*
mone**a**t	*er/sie/es möge ermahnen*
mone**ā**mus	*wir mögen ermahnen*
mone**ā**tis	*ihr möget ermahnen*
mone**a**nt	*sie mögen ermahnen*

Konjunktiv Imperfekt

monē**re**m	*ich würde ermahnen*
monē**rē**s	*du würdest ermahnen*
monē**re**t	*er/sie/es würde ermahnen*
monē**rē**mus	*wir würden ermahnen*
monē**rē**tis	*ihr würdet ermahnen*
monē**re**nt	*sie würden ermahnen*

Imperativ

monē	*ermahne!*
monēte	*ermahnt!*

Imperativ Futur

monētō	*du sollst ermahnen!*
monētō	*er/sie/es soll ermahnen!*
monētōte	*ihr sollt ermahnen!*
monentō	*sie sollen ermahnen!*

NOMINALFORMEN DES PRÄSENS- UND PARTIZIPIALSTAMMES

Infinitiv Präsens

monēre – *ermahnen*

Infinitiv Futur

monitūrum/-am/-um esse – *im Begriff sein zu ermahnen*

Partizip Präsens

monēns, monentis – *ermahnend; einer/eine/eins, der/die/das ermahnt*

Partizip Futur

monitūrus/-a/-um – *einer/eine/eins, der/die/das ermahnen wird*

Gerund

monēre, monendī, -ndo, ad -ndum/monēre, monendo – *das Ermahnen, des Ermahnens, dem Ermahnen usw.*

PASSIV

e-Konjugation

PERSONALFORMEN DES PRÄSENSSTAMMES

Indikativ Präsens

moneor	*ich werde ermahnt*
monēris	*du wirst ermahnt*
monētur	*er/sie/es wird ermahnt*
monēmur	*wir werden ermahnt*
monēminī	*ihr werdet ermahnt*
monentur	*sie werden ermahnt*

Indikativ Imperfekt

monē**bar**	*ich wurde ermahnt*
monē**bā**ris	*du wurdest ermahnt*
monē**bā**tur	*er/sie/es wurde ermahnt*
monē**bā**mur	*wir wurden ermahnt*
monē**bā**minī	*ihr wurdet ermahnt*
monē**ba**ntur	*sie wurden ermahnt*

Futur I

monē**bo**r	*ich werde ermahnt werden*
monē**be**ris	*du wirst ermahnt werden*
monē**bi**tur	*er/sie/es wird ermahnt werden*
monē**bi**mur	*wir werden ermahnt werden*
monē**bi**minī	*ihr werdet ermahnt werden*
monē**bu**ntur	*sie werden ermahnt werden*

Konjunktiv Präsens

mone**a**r	*ich möge ermahnt werden*
mone**ā**ris	*du mögest ermahnt werden*
mone**ā**tur	*er/sie/es möge ermahnt werden*
mone**ā**mur	*wir mögen ermahnt werden*
mone**ā**minī	*ihr möget ermahnt werden*
mone**a**ntur	*sie mögen ermahnt werden*

Konjunktiv Imperfekt

monē**re**r	*ich würde ermahnt* werden
monē**rē**ris	*du würdest ermahnt* werden
monē**rē**tur	*er/sie/es würde ermahnt* werden
monē**rē**mur	*wir würden ermahnt* werden
monē**rē**minī	*ihr würdet ermahnt* werden
monē**re**ntur	*sie würden ermahnt* werden

Imperativ

–

Imperativ Futur

–

NOMINALFORMEN DES PRÄSENS- UND PARTIZIPIALSTAMMES

Infinitiv Präsens

monērī – *ermahnt (zu) werden*

Infinitiv Futur

monitum īrī – *in Zukunft ermahnt (zu) werden*

Partizip Präsens

–

Partizip Futur

–

Gerundiv

monendus/-a/-um – *einer/eine/eins, der/die/das ermahnt wird/werden muss*

e-Konjugation

AKTIV

PERSONALFORMEN DES PERFEKTSTAMMES

Indikativ Perfekt

monuī	*ich habe ermahnt*
monuistī	*du hast ermahnt*
monuit	*er/sie/es hat ermahnt*
monuimus	*wir haben ermahnt*
monuistis	*ihr habt ermahnt*
monuērunt	*sie haben ermahnt*

Indikativ Plusquamperfekt

monueram	*ich hatte ermahnt*
monuerās	*du hattest ermahnt*
monuerat	*er/sie/es hatte ermahnt*
monuerāmus	*wir hatten ermahnt*
monuerātis	*ihr hattet ermahnt*
monuerant	*sie hatten ermahnt*

Futur II

monuerō	*ich werde ermahnt haben*
monueris	*du wirst ermahnt haben*
monuerit	*er/sie/es wird ermahnt haben*
monuerimus	*wir werden ermahnt haben*
monueritis	*ihr werdet ermahnt haben*
monuerint	*sie werden ermahnt haben*

Konjunktiv Perfekt

monuerim	*ich habe ermahnt*
monueris	*du habest ermahnt*
monuerit	*er/sie/es habe ermahnt*
monuerimus	*wir haben ermahnt*
monueritis	*ihr habet ermahnt*
monuerint	*sie haben ermahnt*

Konjunktiv Plusquamperfekt

monuissem	*ich hätte ermahnt*
monuissēs	*du hättest ermahnt*
monuisset	*er/sie/es hätte ermahnt*
monuissēmus	*wir hätten ermahnt*
monuissētis	*ihr hättet ermahnt*
monuissent	*sie hätten ermahnt*

NOMINALFORMEN DES PERFEKTSTAMMES

Infinitiv Perfekt Aktiv

monuisse – *ermahnt (zu) haben*

Partizip Perfekt Aktiv

–

PASSIV

e-Konjugation

PERSONALFORMEN DES PARTIZIPIALSTAMMES

Indikativ Perfekt

monitus/-a/-um sum	*ich bin ermahnt worden*
monitus/-a/-um es	*du bist ermahnt worden*
monitus/-a/-um est	*er/sie/es ist ermahnt worden*
monitī/-ae/-a sumus	*wir sind ermahnt worden*
monitī/-ae/-a estis	*ihr seid ermahnt worden*
monitī/-ae/-a sunt	*sie sind ermahnt worden*

Indikativ Plusquamperfekt

monitus/-a/-um eram	*ich war ermahnt worden*
monitus/-a/-um erās	*du warst ermahnt worden*
monitus/-a/-um erat	*er/sie/es war ermahnt worden*
monitī/-ae/-a erāmus	*wir waren ermahnt worden*
monitī/-ae/-a erātis	*ihr wart ermahnt worden*
monitī/-ae/-a erant	*sie waren ermahnt worden*

Futur II

monitus/-a/-um erō	*ich werde ermahnt worden sein*
monitus/-a/-um eris	*du wirst ermahnt worden sein*
monitus/-a/-um erit	*er/sie/es wird ermahnt worden sein*
monitī/-ae/-a erimus	*wir werden ermahnt worden sein*
monitī/-ae/-a eritis	*ihr werdet ermahnt worden sein*
monitī/-ae/-a erunt	*sie werden ermahnt worden sein*

Konjunktiv Perfekt

monitus/-a/-um sim	*ich sei ermahnt worden*
monitus/-a/-um sīs	*du seist ermahnt worden*
monitus/-a/-um sit	*er/sie/es sei ermahnt worden*
monitī/-ae/-a sīmus	*wir seien ermahnt worden*
monitī/-ae/-a sītis	*ihr seiet ermahnt worden*
monitī/-ae/-a sint	*sie seien ermahnt worden*

Konjunktiv Plusquamperfekt

monitus/-a/-um essem	*ich wäre ermahnt worden*
monitus/-a/-um essēs	*du wärest ermahnt worden*
monitus/-a/-um esset	*er/sie/es wäre ermahnt worden*
monitī/-ae/-a essēmus	*wir wären ermahnt worden*
monitī/-ae/-a essētis	*ihr wäret ermahnt worden*
monitī/-ae/-a essent	*sie wären ermahnt worden*

NOMINALFORMEN DES PARTIZIPIALSTAMMES

Infinitiv Perfekt Passiv

monitum/-am/-um esse – *ermahnt worden (zu) sein*

Partizip Perfekt Passiv

monitus/-a/-um – *ermahnt; einer/eine/eins, der/die/das ermahnt worden ist*

Deponens der e-Konjugation

PERSONALFORMEN DES PRÄSENSSTAMMES

Indikativ Präsens

vereor	*ich fürchte*
verēris	*du fürchtest*
verētur	*er/sie/es fürchtet*
verēmur	*wir fürchten*
verēminī	*ihr fürchtet*
verentur	*sie fürchten*

Indikativ Imperfekt

verē**ba**r	*ich fürchtete*
verē**bā**ris	*du fürchtetest*
verē**bā**tur	*er/sie/es fürchtete*
verē**bā**mur	*wir fürchteten*
verē**bā**minī	*ihr fürchtetet*
verē**ba**ntur	*sie fürchteten*

Futur I

verē**bo**r	*ich werde fürchten*
verē**be**ris	*du wirst fürchten*
verē**bi**tur	*er/sie/es wird fürchten*
verē**bi**mur	*wir werden fürchten*
verē**bi**minī	*ihr werdet fürchten*
verē**bu**ntur	*sie werden fürchten*

Konjunktiv Präsens

vere**a**r	*ich möge fürchten*
vere**ā**ris	*du mögest fürchten*
vere**ā**tur	*er/sie/es möge fürchten*
vere**ā**mur	*wir mögen fürchten*
vere**ā**minī	*ihr möget fürchten*
vere**a**ntur	*sie mögen fürchten*

Konjunktiv Imperfekt

verē**re**r	*ich würde fürchten*
verē**rē**ris	*du würdest fürchten*
verē**rē**tur	*er/sie/es würde fürchten*
verē**rē**mur	*wir würden fürchten*
verē**rē**minī	*ihr würdet fürchten*
verē**re**ntur	*sie würden fürchten*

Imperativ

verēre	*fürchte!*
verēminī	*fürchtet!*

Imperativ Futur

verētor	*du sollst fürchten!*
verētor	*er/sie/es soll fürchten!*
–	
verēntor	*sie sollen fürchten!*

NOMINALFORMEN DES PRÄSENS- UND PARTIZIPIALSTAMMES

Infinitiv Präsens

verērī – fürchten

Infinitiv Futur

veritūrum/-am /-um esse – *im Begriff sein zu fürchten*

Partizip Präsens

verēns, verentis – *fürchtend; einer/eine/eins, der/die/das fürchtet*

Partizip Futur

veritūrus/-a/-um – *einer/eine/eins, der/die/das fürchten wird*

Gerund und Gerundiv

verērī, verendi usw. – *das Fürchten usw.;* verendus/-a/-um – *einer/eine/eins, der/die/das gefürchtet wird/werden muss*

Deponens der e-Konjugation

PERSONALFORMEN DES PARTIZIPIALSTAMMES

Indikativ Perfekt

veritus/-a/-um sum – *ich habe gefürchtet*
veritus/-a/-um es – *du hast gefürchtet*
veritus/-a/-um est – *er/sie/es hat gefürchtet*
veritī/-ae/-a sumus – *wir haben gefürchtet*
veritī/-ae/-a estis – *ihr habt gefürchtet*
veritī/-ae/-a sunt – *sie haben gefürchtet*

Indikativ Plusquamperfekt

veritus/-a/-um eram – *ich hatte gefürchtet*
veritus/-a/-um erās – *du hattest gefürchtet*
veritus/-a/-um erat – *er/sie/es hatte gefürchtet*
veritī/-ae/-a erāmus – *wir hatten gefürchtet*
veritī/-ae/-a erātis – *ihr hattet gefürchtet*
veritī/-ae/-a erant – *sie hatten gefürchtet*

Futur II

veritus/-a/-um erō – *ich werde gefürchtet haben*
veritus/-a/-um eris – *du wirst gefürchtet haben*
veritus/-a/-um erit – *er/sie/es wird gefürchtet haben*
veritī/-ae/-a erimus – *wir werden gefürchtet haben*
veritī/-ae/-a eritis – *ihr werdet gefürchtet haben*
veritī/-ae/-a erunt – *sie werden gefürchtet haben*

Konjunktiv Perfekt

veritus/-a/-um sim – *ich habe gefürchtet*
veritus/-a/-um sīs – *du habest gefürchtet*
veritus/-a/-um sit – *er/sie/es habe gefürchtet*
veritī/-ae/-a sīmus – *wir haben gefürchtet*
veritī/-ae/-a sītis – *ihr habet gefürchtet*
veritī/-ae/-a sint – *sie haben gefürchtet*

Konjunktiv Plusquamperfekt

veritus/-a/-um essem – *ich hätte gefürchtet*
veritus/-a/-um essēs – *du hättest gefürchtet*
veritus/-a/-um esset – *er/sie/es hätte gefürchtet*
veritī/-ae/-a essēmus – *wir hätten gefürchtet*
veritī/-ae/-a essētis – *ihr hättet gefürchtet*
veritī/-ae/-a essent – *sie hätten gefürchtet*

NOMINALFORMEN DES PARTIZIPIALSTAMMES

Infinitiv Perfekt

veritum/-am/-um esse – *gefürchtet (zu) haben*

Partizip Perfekt

veritus/-a/-um – *einer/eine/eins, der/die/das gefürchtet hat*

i-Konjugation

AKTIV

PERSONALFORMEN DES PRÄSENSSTAMMES

Indikativ Präsens

audiō	*ich höre*
audīs	*du hörst*
audit	*er/sie/es hört*
audīmus	*wir hören*
audītis	*ihr hört*
audiunt	*sie hören*

Indikativ Imperfekt

audi**ēba**m	*ich hörte*
audi**ēbā**s	*du hörtest*
audi**ēba**t	*er/sie/es hörte*
audi**ēbā**mus	*wir hörten*
audi**ēbā**tis	*ihr hörtet*
audi**ēba**nt	*sie hörten*

Futur I

audi**a**m	*ich werde hören*
audi**ē**s	*du wirst hören*
audi**e**t	*er/sie/es wird hören*
audi**ē**mus	*wir werden hören*
audi**ē**tis	*ihr werdet hören*
audi**e**nt	*sie werden hören*

Konjunktiv Präsens

audi**a**m	*ich möge hören*
audi**ā**s	*du mögest hören*
audi**a**t	*er/sie/es möge hören*
audi**ā**mus	*wir mögen hören*
audi**ā**tis	*ihr möget hören*
audi**a**nt	*sie mögen hören*

Konjunktiv Imperfekt

audī**re**m	*ich würde hören*
audī**rē**s	*du würdest hören*
audī**re**t	*er/sie/es würde hören*
audī**rē**mus	*wir würden hören*
audī**rē**tis	*ihr würdet hören*
audī**re**nt	*sie würden hören*

Imperativ

audī	*höre!*
audīte	*hört!*

Imperativ Futur

audītō	*du sollst hören!*
audītō	*er/sie/es soll hören!*
audītōte	*ihr sollt hören!*
audiuntō	*sie sollen hören!*

NOMINALFORMEN DES PRÄSENS- UND PARTIZIPIALSTAMMES

Infinitiv Präsens

audīre – *hören*

Infinitiv Futur

audītūrum/-am/-um esse – *im Begriff sein zu hören*

Partizip Präsens

audiēns, audientis – *hörend; einer/eine/eins, der/die/das hört*

Partizip Futur

audītūrus/-a/-um – *einer/eine/eins, der/die/das hören wird*

Gerund

audīre, audiendī, -ndo, ad -ndum/audīre, audiendo – *das Hören, des Hörens, dem Hören usw.*

PASSIV i-Konjugation

PERSONALFORMEN DES PRÄSENSSTAMMES

Indikativ Präsens

audior	*ich werde gehört*
audīris	*du wirst gehört*
audītur	*er/sie/es wird gehört*
audīmur	*wir werden gehört*
audīminī	*ihr werdet gehört*
audiuntur	*sie werden gehört*

Indikativ Imperfekt

audiēbar	*ich wurde gehört*
audiēbāris	*du wurdest gehört*
audiēbātur	*er/sie/es wurde gehört*
audiēbāmur	*wir wurden gehört*
audiēbāminī	*ihr wurdet gehört*
audiēbantur	*sie wurden gehört*

Futur I

audiar	*ich werde gehört werden*
audiēris	*du wirst gehört werden*
audiētur	*er/sie/es wird gehört werden*
audiēmur	*wir werden gehört werden*
audiēminī	*ihr werdet gehört werden*
audientur	*sie werden gehört werden*

Konjunktiv Präsens

audiar	*ich möge gehört werden*
audiāris	*du mögest gehört werden*
audiātur	*er/sie/es möge gehört werden*
audiāmur	*wir mögen gehört werden*
audiāminī	*ihr möget gehört werden*
audiantur	*sie mögen gehört werden*

Konjunktiv Imperfekt

audīrer	*ich würde gehört werden*
audīrēris	*du würdest gehört werden*
audīrētur	*er/sie/es würde gehört werden*
audīrēmur	*wir würden gehört werden*
audīrēminī	*ihr würdet gehört werden*
audīrentur	*sie würden gehört werden*

Imperativ

–

Imperativ Futur

–

NOMINALFORMEN DES PRÄSENS- UND PARTIZIPIALSTAMMES

Infinitiv Präsens

audīrī – *gehört (zu) werden*

Infinitiv Futur

audītum īrī – *in Zukunft gehört (zu) werden*

Partizip Präsens

–

Partizip Futur

–

Gerundiv

audiendus/-a/-um – *hörenswert; einer/eine/eins, der/die/das gehört wird/werden muss*

i-Konjugation

AKTIV

PERSONALFORMEN DES PERFEKTSTAMMES

Indikativ Perfekt

audīvī	*ich habe gehört*
audīvistī	*du hast gehört*
audīvit	*er/sie/es hat gehört*
audīvimus	*wir haben gehört*
audīvistis	*ihr habt gehört*
audīvērunt	*sie haben gehört*

Indikativ Plusquamperfekt

audīveram	*ich hatte gehört*
audīverās	*du hattest gehört*
audīverat	*er/sie/es hatte gehört*
audīverāmus	*wir hatten gehört*
audīverātis	*ihr hattet gehört*
audīverant	*sie hatten gehört*

Futur II

audīverō	*ich werde gehört haben*
audīveris	*du wirst gehört haben*
audīverit	*er/sie/es wird gehört haben*
audīverimus	*wir werden gehört haben*
audīveritis	*ihr werdet gehört haben*
audīverint	*sie werden gehört haben*

Konjunktiv Perfekt

audīverim	*ich habe gehört*
audīveris	*du habest gehört*
audīverit	*er/sie/es habe gehört*
audīverimus	*wir haben gehört*
audīveritis	*ihr habet gehört*
audīverint	*sie haben gehört*

Konjunktiv Plusquamperfekt

audīvissem	*ich hätte gehört*
audīvissēs	*du hättest gehört*
audīvisset	*er/sie/es hätte gehört*
audīvissēmus	*wir hätten gehört*
audīvissētis	*ihr hättet gehört*
audīvissent	*sie hätten gehört*

NOMINALFORMEN DES PERFEKTSTAMMES

Infinitiv Perfekt Aktiv

audīvisse – *gehört (zu) haben*

Partizip Perfekt Aktiv

–

PASSIV i-Konjugation

PERSONALFORMEN DES PARTIZIPIALSTAMMES

Indikativ Perfekt

audītus/-a/-um sum	*ich bin gehört worden*
audītus/-a/-um es	*du bist gehört worden*
audītus/-a/-um est	*er/sie/es ist gehört worden*
audītī/-ae/-a sumus	*wir sind gehört worden*
audītī/-ae/-a estis	*ihr seid gehört worden*
audītī/-ae/-a sunt	*sie sind gehört worden*

Konjunktiv Perfekt

audītus/-a/-um sim	*ich sei gehört worden*
audītus/-a/-um sīs	*du seist gehört worden*
audītus/-a/-um sit	*er/sie/es sei gehört worden*
audītī/-ae/-a sīmus	*wir seien gehört worden*
audītī/-ae/-a sītis	*ihr seiet gehört worden*
audītī/-ae/-a sint	*sie seien gehört worden*

Indikativ Plusquamperfekt

audītus/-a/-um eram	*ich war gehört worden*
audītus/-a/-um erās	*du warst gehört worden*
audītus/-a/-um erat	*er/sie/es war gehört worden*
audītī/-ae/-a erāmus	*wir waren gehört worden*
audītī/-ae/-a erātis	*ihr wart gehört worden*
audītī/-ae/-a erant	*sie waren gehört worden*

Konjunktiv Plusquamperfekt

audītus/-a/-um essem	*ich wäre gehört worden*
audītus/-a/-um essēs	*du wärest gehört worden*
audītus/-a/-um esset	*er/sie/es wäre gehört worden*
audītī/-ae/-a essēmus	*wir wären gehört worden*
audītī/-ae/-a essētis	*ihr wäret gehört worden*
audītī/-ae/-a essent	*sie wären gehört worden*

Futur II

audītus/-a/-um erō	*ich werde gehört worden sein*
audītus/-a/-um eris	*du wirst gehört worden sein*
audītus/-a/-um erit	*er/sie/es wird gehört worden sein*
audītī/-ae/-a erimus	*wir werden gehört worden sein*
audītī/-ae/-a eritis	*ihr werdet gehört worden sein*
audītī/-ae/-a erunt	*sie werden gehört worden sein*

NOMINALFORMEN DES PARTIZIPIALSTAMMES

Infinitiv Perfekt Passiv

audītum/-am/-um esse – *gehört worden (zu) sein*

Partizip Perfekt Passiv

audītus/-a/-um – *gehört, einer/eine/eins, der/die/das gehört worden ist*

Deponens der i-Konjugation

PERSONALFORMEN DES PRÄSENSSTAMMES

Indikativ Präsens

largior	*ich schenke*
largīris	*du schenkst*
largītur	*er/sie/es schenkt*
largīmur	*wir schenken*
largīminī	*ihr schenkt*
largiuntur	*sie schenken*

Indikativ Imperfekt

largi**ēba**r	*ich schenkte*
largi**ēbā**ris	*du schenktest*
largi**ēbā**tur	*er/sie/es schenkte*
largi**ēbā**mur	*wir schenkten*
largi**ēbā**minī	*ihr schenktet*
largi**ēba**ntur	*sie schenkten*

Futur I

largi**a**r	*ich werde schenken*
largi**ē**ris	*du wirst schenken*
largi**ē**tur	*er/sie/es wird schenken*
largi**ē**mur	*wir werden schenken*
largi**ē**minī	*ihr werdet schenken*
largi**e**ntur	*sie werden schenken*

Konjunktiv Präsens

largi**a**r	*ich möge schenken*
largi**ā**ris	*du mögest schenken*
largi**ā**tur	*er/sie/es möge schenken*
largi**ā**mur	*wir mögen schenken*
largi**ā**minī	*ihr möget schenken*
largi**a**ntur	*sie mögen schenken*

Konjunktiv Imperfekt

largī**re**r	*ich würde schenken*
largī**rē**ris	*du würdest schenken*
largī**rē**tur	*er/sie/es würde schenken*
largī**rē**mur	*wir würden schenken*
largī**rē**minī	*ihr würdet schenken*
largī**re**ntur	*sie würden schenken*

Imperativ

largīre	*schenk!*
largīminī	*schenkt!*

Imperativ Futur

largītor	*du sollst schenken!*
largītor	*er/sie/es soll schenken!*
–	
largiuntor	*sie sollen schenken!*

NOMINALFORMEN DES PRÄSENS- UND PARTIZIPIALSTAMMES

Infinitiv Präsens

largīrī – schenken

Infinitiv Futur

largītūrum/-am/-um esse – *im Begriff sein zu schenken*

Partizip Präsens

largiēns, largientis – *schenken; einer/eine/eins, der/die/das schenkt*

Partizip Futur

largītūrus/-a/-um – *einer/eine/eins, der/die/das schenken wird*

Gerund und Gerundiv

largīrī, largiendi usw. – *das Schenken usw.;* largiendus/-a/-um – *einer/eine/eins, der/die/das geschenkt wird/werden muss*

Deponens der i-Konjugation

PERSONALFORMEN DES PARTIZIPIALSTAMMES

Indikativ Perfekt

largītus/-a/-um sum	*ich habe geschenkt*
largītus/-a/-um es	*du hast geschenkt*
largītus/-a/-um est	*er/sie/es hat geschenkt*
largītī/-ae/-a sumus	*wir haben geschenkt*
largītī/-ae/-a estis	*ihr habt geschenkt*
largītī/-ae/-a sunt	*sie haben geschenkt*

Indikativ Plusquamperfekt

largītus/-a/-um eram	*ich hatte geschenkt*
largītus/-a/-um erās	*du hattest geschenkt*
largītus/-a/-um erat	*er/sie/es hatte geschenkt*
largītī/-ae/-a erāmus	*wir hatten geschenkt*
largītī/-ae/-a erātis	*ihr hattet geschenkt*
largītī/-ae/-a erant	*sie hatten geschenkt*

Futur II

largītus/-a/-um erō	*ich werde geschenkt haben*
largītus/-a/-um eris	*du wirst geschenkt haben*
largītus/-a/-um erit	*er/sie/es wird geschenkt haben*
largītī/-ae/-a erimus	*wir werden geschenkt haben*
largītī/-ae/-a eritis	*ihr werdet geschenkt haben*
largītī/-ae/-a erunt	*sie werden geschenkt haben*

Konjunktiv Perfekt

largītus/-a/-um sim	*ich habe geschenkt*
largītus/-a/-um sīs	*du habest geschenkt*
largītus/-a/-um sit	*er/sie/es habe geschenkt*
largītī/-ae/-a sīmus	*wir haben geschenkt*
largītī/-ae/-a sītis	*ihr habet geschenkt*
largītī/-ae/-a sint	*sie haben geschenkt*

Konjunktiv Plusquamperfekt

largītus/-a/-um essem	*ich hätte geschenkt*
largītus/-a/-um essēs	*du hättest geschenkt*
largītus/-a/-um esset	*er/sie/es hätte geschenkt*
largītī/-ae/-a essēmus	*wir hätten geschenkt*
largītī/-ae/-a essētis	*ihr hättet geschenkt*
largītī/-ae/-a essent	*sie hätten geschenkt*

NOMINALFORMEN DES PARTIZIPIALSTAMMES

Infinitiv Perfekt

largītum/-am/-um esse – *geschenkt (zu) haben*

Partizip Perfekt

largītus/-a/-um – *einer/eine/eins, der/die/das geschenkt hat*

Konsonantische Konjugation AKTIV

PERSONALFORMEN DES PRÄSENSSTAMMES

Indikativ Präsens

regō	*ich leite*
regis	*du leitest*
regit	*er/sie/es leitet*
regimus	*wir leiten*
regitis	*ihr leitet*
regunt	*sie leiten*

Indikativ Imperfekt

reg**ēba**m	*ich leitete*
reg**ēbā**s	*du leitetest*
reg**ēba**t	*er/sie/es leitete*
reg**ēbā**mus	*wir leiteten*
reg**ēbā**tis	*ihr leitetet*
reg**ēba**nt	*sie leiteten*

Futur I

reg**a**m	*ich werde leiten*
reg**ē**s	*du wirst leiten*
reg**e**t	*er/sie/es wird leiten*
reg**ē**mus	*wir werden leiten*
reg**ē**tis	*ihr werdet leiten*
reg**e**nt	*sie werden leiten*

Konjunktiv Präsens

reg**a**m	*ich möge leiten*
reg**ā**s	*du mögest leiten*
reg**a**t	*er/sie/es möge leiten*
reg**ā**mus	*wir mögen leiten*
reg**ā**tis	*ihr möget leiten*
reg**a**nt	*sie mögen leiten*

Konjunktiv Imperfekt

reg**ere**m	*ich würde leiten*
reg**erē**s	*du würdest leiten*
reg**ere**t	*er/sie/es würde leiten*
reg**erē**mus	*wir würden leiten*
reg**erē**tis	*ihr würdet leiten*
reg**ere**nt	*sie würden leiten*

Imperativ

rege	*leite!*
regite	*leitet!*

Imperativ Futur

regitō	*du sollst leiten!*
regitō	*er/sie/es soll leiten!*
regitōte	*ihr sollt leiten!*
reguntō	*sie sollen leiten!*

NOMINALFORMEN DES PRÄSENS- UND PARTIZIPIALSTAMMES

Infinitiv Präsens

regere – leiten

Infinitiv Futur

rectūrum/-am/-um esse – *im Begriff sein zu leiten*

Partizip Präsens

regēns, regentis – *leitend; einer/eine/eins, der/die/das leitet*

Partizip Futur

rectūrus/-a/-um – *einer/eine/eins, der/die/das leiten wird*

Gerund

regere, regendī, -ndo, ad -ndum/regere, regendo – *das Leiten, des Leitens, dem Leiten usw.*

PASSIV Konsonantische Konjugation

PERSONALFORMEN DES PRÄSENSSTAMMES

Indikativ Präsens

regor – *ich werde geleitet*
regeris – *du wirst geleitet*
regitur – *er/sie/es wird geleitet*
regimur – *wir werden geleitet*
regiminī – *ihr werdet geleitet*
reguntur – *sie werden geleitet*

Indikativ Imperfekt

reg**ēba**r – *ich wurde geleitet*
reg**ēbā**ris – *du wurdest geleitet*
reg**ēbā**tur – *er/sie/es wurde geleitet*
reg**ēbā**mur – *wir wurden geleitet*
reg**ēbā**minī – *ihr wurdet geleitet*
reg**ēba**ntur – *sie wurden geleitet*

Futur I

reg**a**r – *ich werde geleitet werden*
reg**ē**ris – *du wirst geleitet werden*
reg**ē**tur – *er/sie/es wird geleitet werden*
reg**ē**mur – *wir werden geleitet werden*
reg**ē**minī – *ihr werdet geleitet werden*
reg**e**ntur – *sie werden geleitet werden*

Konjunktiv Präsens

reg**a**r – *ich möge geleitet werden*
reg**ā**ris – *du mögest geleitet werden*
reg**ā**tur – *er/sie/es möge geleitet werden*
reg**ā**mur – *wir mögen geleitet werden*
reg**ā**minī – *ihr möget geleitet werden*
reg**a**ntur – *sie mögen geleitet werden*

Konjunktiv Imperfekt

reg**ere**r – *ich würde geleitet werden*
reg**erē**ris – *du würdest geleitet werden*
reg**erē**tur – *er/sie/es würde geleitet werden*
reg**erē**mur – *wir würden geleitet werden*
reg**erē**minī – *ihr würdet geleitet werden*
reg**ere**ntur – *sie würden geleitet werden*

Imperativ

–

Imperativ Futur

–

NOMINALFORMEN DES PRÄSENS- UND PARTIZIPIALSTAMMES

Infinitiv Präsens

regī – *geleitet (zu) werden*

Infinitiv Futur

rectum īrī – *in Zukunft geleitet (zu) werden*

Partizip Präsens

–

Partizip Futur

–

Gerundiv

regendus/-a/-um – *einer/eine/eins, der/die/das geleitet wird/werden muss*

Konsonantische Konjugation AKTIV

PERSONALFORMEN DES PERFEKTSTAMMES

Indikativ Perfekt

rēxī	*ich habe geleitet*
rēxistī	*du hast geleitet*
rēxit	*er/sie/es hat geleitet*
rēximus	*wir haben geleitet*
rēxistis	*ihr habt geleitet*
rēxērunt	*sie haben geleitet*

Indikativ Plusquamperfekt

rēxeram	*ich hatte geleitet*
rēxerās	*du hattest geleitet*
rēxerat	*er/sie/es hatte geleitet*
rēxerāmus	*wir hatten geleitet*
rēxerātis	*ihr hattet geleitet*
rēxerant	*sie hatten geleitet*

Futur II

rēxerō	*ich werde geleitet haben*
rēxeris	*du wirst geleitet haben*
rēxerit	*er/sie/es wird geleitet haben*
rēxerimus	*wir werden geleitet haben*
rēxeritis	*ihr werdet geleitet haben*
rēxerint	*sie werden geleitet haben*

Konjunktiv Perfekt

rēxerim	*ich habe geleitet*
rēxeris	*du habest geleitet*
rēxerit	*er/sie/es habe geleitet*
rēxerimus	*wir haben geleitet*
rēxeritis	*ihr habet geleitet*
rēxerint	*sie haben geleitet*

Konjunktiv Plusquamperfekt

rēxissem	*ich hätte geleitet*
rēxissēs	*du hättest geleitet*
rēxisset	*er/sie/es hätte geleitet*
rēxissēmus	*wir hätten geleitet*
rēxissētis	*ihr hättet geleitet*
rēxissent	*sie hätten geleitet*

NOMINALFORMEN DES PERFEKTSTAMMES

Infinitiv Perfekt Aktiv

rēxisse – *geleitet (zu) haben*

Partizip Perfekt Aktiv

–

PASSIV Konsonantische Konjugation

PERSONALFORMEN DES PARTIZIPIALSTAMMES

Indikativ Perfekt

rēctus/-a/-um sum	*ich bin geleitet worden*
rēctus/-a/-um es	*du bist geleitet worden*
rēctus/-a/-um est	*er/sie/es ist geleitet worden*
rēctī/-ae/-a sumus	*wir sind geleitet worden*
rēctī/-ae/-a estis	*ihr seid geleitet worden*
rēctī/-ae/-a sunt	*sie sind geleitet worden*

Indikativ Plusquamperfekt

rēctus/-a/-um eram	*ich war geleitet worden*
rēctus/-a/-um erās	*du warst geleitet worden*
rēctus/-a/-um erat	*er/sie/es war geleitet worden*
rēctī/-ae/-a erāmus	*wir waren geleitet worden*
rēctī/-ae/-a erātis	*ihr wart geleitet worden*
rēctī/-ae/-a erant	*sie waren geleitet worden*

Futur II

rēctus/-a/-um erō	*ich werde geleitet worden sein*
rēctus/-a/-um eris	*du wirst geleitet worden sein*
rēctus/-a/-um erit	*er/sie/es wird geleitet worden sein*
rēctī/-ae/-a erimus	*wir werden geleitet worden sein*
rēctī/-ae/-a eritis	*ihr werdet geleitet worden sein*
rēctī/-ae/-a erunt	*sie werden geleitet worden sein*

Konjunktiv Perfekt

rēctus/-a/-um sim	*ich sei geleitet worden*
rēctus/-a/-um sīs	*du seist geleitet worden*
rēctus/-a/-um sit	*er/sie/es sei geleitet worden*
rēctī/-ae/-a sīmus	*wir seien geleitet worden*
rēctī/-ae/-a sītis	*ihr seiet geleitet worden*
rēctī/-ae/-a sint	*sie seien geleitet worden*

Konjunktiv Plusquamperfekt

rēctus/-a/-um essem	*ich wäre geleitet worden*
rēctus/-a/-um essēs	*du wärest geleitet worden*
rēctus/-a/-um esset	*er/sie/es wäre geleitet worden*
rēctī/-ae/-a essēmus	*wir wären geleitet worden*
rēctī/-ae/-a essētis	*ihr wäret geleitet worden*
rēctī/-ae/-a essent	*sie wären geleitet worden*

NOMINALFORMEN DES PARTIZIPIALSTAMMES

Infinitiv Perfekt Passiv

rēctum/-am/-um esse – *geleitet worden (zu) sein*

Partizip Perfekt Passiv

rēctus/-a/-um – *geleitet; einer/eine/eins, der/die/das geleitet worden ist*

Deponens der konsonantischen Konjugation

PERSONALFORMEN DES PRÄSENSSTAMMES

Indikativ Präsens

sequor	*ich folge*
sequeris	*du folgst*
sequitur	*er/sie/es folgt*
sequimur	*wir folgen*
sequiminī	*ihr folgt*
sequuntur	*sie folgen*

Indikativ Imperfekt

sequ**ēba**r	*ich folgte*
sequ**ēbā**ris	*du folgtest*
sequ**ēbā**tur	*er/sie/es folgte*
sequ**ēbā**mur	*wir folgten*
sequ**ēbā**minī	*ihr folgtet*
sequ**ēba**ntur	*sie folgten*

Futur I

sequ**a**r	*ich werde folgen*
sequ**ē**ris	*du wirst folgen*
sequ**ē**tur	*er/sie/es wird folgen*
sequ**ē**mur	*wir werden folgen*
sequ**ē**minī	*ihr werdet folgen*
sequ**e**ntur	*sie werden folgen*

Konjunktiv Präsens

sequ**a**r	*ich möge folgen*
sequ**ā**ris	*du mögest folgen*
sequ**ā**tur	*er/sie/es möge folgen*
sequ**ā**mur	*wir mögen folgen*
sequ**ā**minī	*ihr möget folgen*
sequ**a**ntur	*sie mögen folgen*

Konjunktiv Imperfekt

sequ**ere**r	*ich würde folgen*
sequ**erē**ris	*du würdest folgen*
sequ**erē**tur	*er/sie/es würde folgen*
sequ**erē**mur	*wir würden folgen*
sequ**erē**minī	*ihr würdet folgen*
sequ**ere**ntur	*sie würden folgen*

Imperativ

sequ**e**re	*folge!*
sequ**i**minī	*folgt!*

Imperativ Futur

sequitor	*du sollst folgen!*
sequitor	*er/sie/es soll folgen!*
–	
sequuntur	*sie sollen folgen!*

NOMINALFORMEN DES PRÄSENS- UND PARTIZIPIALSTAMMES

Infinitiv Präsens

sequī – folgen

Infinitiv Futur

secūtūrum/-am/-um esse – *im Begriff sein zu folgen*

Partizip Präsens

sequēns, sequentis – *folgend; einer/eine/eins, der/die/das folgt*

Partizip Futur

secūtūrus/-a/-um – *einer/eine/eins, der/die/das folgen wird*

Gerund und Gerundiv

sequī, sequendī usw. – *das Folgen usw.;* sequendus/-a/-um – *einer/eine/eins, dem/der/dem man folgen wird/muss*

Deponens der konsonantischen Konjugation

PERSONALFORMEN DES PARTIZIPIALSTAMMES

Indikativ Perfekt

secūtus/-a/-um sum	*ich bin gefolgt*
secūtus/-a/-um es	*du bist gefolgt*
secūtus/-a/-um est	*er/sie/es ist gefolgt*
secūtī/-ae/-a sumus	*wir sind gefolgt*
secūtī/-ae/-a estis	*ihr seid gefolgt*
secūtī/-ae/-a sunt	*sie sind gefolgt*

Indikativ Plusquamperfekt

secūtus/-a/-um eram	*ich war gefolgt*
secūtus/-a/-um erās	*du warst gefolgt*
secūtus/-a/-um erat	*er/sie/es war gefolgt*
secūtī/-ae/-a erāmus	*wir waren gefolgt*
secūtī/-ae/-a erātis	*ihr wart gefolgt*
secūtī/-ae/-a erant	*sie waren gefolgt*

Futur II

secūtus/-a/-um erō	*ich werde gefolgt sein*
secūtus/-a/-um eris	*du wirst gefolgt sein*
secūtus/-a/-um erit	*er/sie/es wird gefolgt sein*
secūtī/-ae/-a erimus	*wir werden gefolgt sein*
secūtī/-ae/-a eritis	*ihr werdet gefolgt sein*
secūtī/-ae/-a erunt	*sie werden gefolgt sein*

Konjunktiv Perfekt

secūtus/-a/-um sim	*ich sei gefolgt*
secūtus/-a/-um sīs	*du seiest gefolgt*
secūtus/-a/-um sit	*er/sie/es sei gefolgt*
secūtī/-ae/-a sīmus	*wir seien gefolgt*
secūtī/-ae/-a sītis	*ihr seiet gefolgt*
secūtī/-ae/-a sint	*sie seien gefolgt*

Konjunktiv Plusquamperfekt

secūtus/-a/-um essem	*ich wäre gefolgt*
secūtus/-a/-um essēs	*du wärest gefolgt*
secūtus/-a/-um esset	*er/sie/es wäre gefolgt*
secūtī/-ae/-a essēmus	*wir wären gefolgt*
secūtī/-ae/-a essētis	*ihr wäret gefolgt*
secūtī/-ae/-a essent	*sie wären gefolgt*

NOMINALFORMEN DES PARTIZIPIALSTAMMES

Infinitiv Perfekt

secūtum/-am/-um esse – *gefolgt (zu) sein*

Partizip Perfekt

secūtus/-a/-um – *einer/eine/eins, der/die/das gefolgt ist*

Gemischte Konjugation AKTIV

PERSONALFORMEN DES PRÄSENSSTAMMES

Indikativ Präsens

capiō	*ich fange*
capis	*du fängst*
capit	*er/sie/es fängt*
capimus	*wir fangen*
capitis	*ihr fangt*
capiunt	*sie fangen*

Indikativ Imperfekt

capi**ēba**m	*ich fing*
capi**ēbā**s	*du fingst*
capi**ēba**t	*er/sie/es fing*
capi**ēbā**mus	*wir fingen*
capi**ēbā**tis	*ihr fingt*
capi**ēba**nt	*sie fingen*

Futur I

capi**a**m	*ich werde fangen*
capi**ē**s	*du wirst fangen*
capi**e**t	*er/sie/es wird fangen*
capi**ē**mus	*wir werden fangen*
capi**ē**tis	*ihr werdet fangen*
capi**e**nt	*sie werden fangen*

Konjunktiv Präsens

capi**a**m	*ich möge fangen*
capi**ā**s	*du mögest fangen*
capi**a**t	*er/sie/es möge fangen*
capi**ā**mus	*wir mögen fangen*
capi**ā**tis	*ihr möget fangen*
capi**a**nt	*sie mögen fangen*

Konjunktiv Imperfekt

cap**ere**m	*ich würde fangen*
cap**erē**s	*du würdest fangen*
cap**ere**t	*er/sie/es würde fangen*
cap**erē**mus	*wir würden fangen*
cap**erē**tis	*ihr würdet fangen*
cap**ere**nt	*sie würden fangen*

Imperativ

cape	*fang!*
capite	*fangt!*

Imperativ Futur

capitō	*du sollst fangen!*
capitō	*er/sie/es soll fangen!*
capitōte	*ihr sollt fangen!*
capiuntō	*sie sollen fangen!*

NOMINALFORMEN DES PRÄSENS- UND PARTIZIPIALSTAMMES

Inifinitiv Präsens

capere – *fangen*

Inifinitiv Futur

captūrum/-am/-um esse – *im Begriff sein zu fangen*

Partizip Präsens

capiēns, capientis – *fangend; einer/eine/eins, der/die/das fängt*

Partizip Futur

captūrus/-a/-um – *einer/eine/eins, der/die/das fangen wird*

Gerund

capere, capiendī, -ndo, ad -ndum/capere, capiendo – *das Fangen, des Fangens, dem Fangen usw.*

PASSIV

Gemischte Konjugation

PERSONALFORMEN DES PRÄSENSSTAMMES

Indikativ Präsens

capior	*ich werde gefangen*
caperis	*du wirst gefangen*
capitur	*er/sie/es wird gefangen*
capimur	*wir werden gefangen*
capiminī	*ihr werdet gefangen*
capiuntur	*sie werden gefangen*

Indikativ Imperfekt

capi**ēba**r	*ich wurde gefangen*
capi**ēbā**ris	*du wurdest gefangen*
capi**ēbā**tur	*er/sie/es wurde gefangen*
capi**ēbā**mur	*wir wurden gefangen*
capi**ēbā**minī	*ihr wurdet gefangen*
capi**ēba**ntur	*sie wurden gefangen*

Futur I

capi**a**r	*ich werde gefangen werden*
capi**ē**ris	*du wirst gefangen werden*
capi**ē**tur	*er/sie/es wird gefangen werden*
capi**ē**mur	*wir werden gefangen werden*
capi**ē**minī	*ihr werdet gefangen werden*
capi**e**ntur	*sie werden gefangen werden*

Konjunktiv Präsens

capi**a**r	*ich möge gefangen werden*
capi**ā**ris	*du mögest gefangen werden*
capi**ā**tur	*er/sie/es möge gefangen werden*
capi**ā**mur	*wir mögen gefangen werden*
capi**ā**minī	*ihr möget gefangen werden*
capi**a**ntur	*sie mögen gefangen werden*

Konjunktiv Imperfekt

cap**ere**r	*ich würde gefangen werden*
cap**erē**ris	*du würdest gefangen werden*
cap**erē**tur	*er/sie/es würde gefangen werden*
cap**erē**mur	*wir würden gefangen werden*
cap**erē**minī	*ihr würdet gefangen werden*
cap**ere**ntur	*sie würden gefangen werden*

Imperativ

–

Imperativ Futur

–

NOMINALFORMEN DES PRÄSENS- UND PARTIZIPIALSTAMMES

Infinitiv Präsens

capī – *gefangen (zu) werden*

Infinitiv Futur

captum īrī – *in Zukunft gefangen (zu) werden*

Partizip Präsens

–

Partizip Futur

–

Gerundiv

capiendus/-a/-um – *einer/eine/eins, der/die/das gefangen wird/werden muss*

Gemischte Konjugation

AKTIV

PERSONALFORMEN DES PERFEKTSTAMMES

Indikativ Perfekt

cēpī	*ich habe gefangen*
cēpistī	*du hast gefangen*
cēpit	*er/sie/es hat gefangen*
cēpimus	*wir haben gefangen*
cēpistis	*ihr habt gefangen*
cēpērunt	*sie haben gefangen*

Indikativ Plusquamperfekt

cēperam	*ich hatte gefangen*
cēperās	*du hattest gefangen*
cēperat	*er/sie/es hatte gefangen*
cēperāmus	*wir hatten gefangen*
cēperātis	*ihr hattet gefangen*
cēperant	*sie hatten gefangen*

Futur II

cēperō	*ich werde gefangen haben*
cēperis	*du wirst gefangen haben*
cēperit	*er/sie/es wird gefangen haben*
cēperimus	*wir werden gefangen haben*
cēperitis	*ihr werdet gefangen haben*
cēperint	*sie werden gefangen haben*

Konjunktiv Perfekt

cēperim	*ich habe gefangen*
cēperis	*du habest gefangen*
cēperit	*er/sie/es habe gefangen*
cēperimus	*wir haben gefangen*
cēperitis	*ihr habet gefangen*
cēperint	*sie haben gefangen*

Konjunktiv Plusquamperfekt

cēpissem	*ich hätte gefangen*
cēpissēs	*du hättest gefangen*
cēpisset	*er/sie/es hätte gefangen*
cēpissēmus	*wir hätten gefangen*
cēpissētis	*ihr hättet gefangen*
cēpissent	*sie hätten gefangen*

NOMINALFORMEN DES PERFEKTSTAMMES

Infinitiv Perfekt Aktiv

cēpisse – *gefangen (zu) haben*

Partizip Perfekt Aktiv

–

PASSIV Gemischte Konjugation

PERSONALFORMEN DES PARTIZIPIALSTAMMES

Indikativ Perfekt

captus/-a/-um sum	*ich bin gefangen worden*
captus/-a/-um es	*du bist gefangen worden*
captus/-a/-um est	*er/sie/es ist gefangen worden*
captī/-ae/-a sumus	*wir sind gefangen worden*
captī/-ae/-a estis	*ihr seid gefangen worden*
captī/-ae/-a sunt	*sie sind gefangen worden*

Konjunktiv Perfekt

captus/-a/-um sim	*ich sei gefangen worden*
captus/-a/-um sīs	*du seist gefangen worden*
captus/-a/-um sit	*er/sie/es sei gefangen worden*
captī/-ae/-a sīmus	*wir seien gefangen worden*
captī/-ae/-a sītis	*ihr seiet gefangen worden*
captī/-ae/-a sint	*sie seien gefangen worden*

Indikativ Plusquamperfekt

captus/-a/-um eram	*ich war gefangen worden*
captus/-a/-um erās	*du warst gefangen worden*
captus/-a/-um erat	*er/sie/es war gefangen worden*
captī/-ae/-a erāmus	*wir waren gefangen worden*
captī/-ae/-a erātis	*ihr wart gefangen worden*
captī/-ae/-a erant	*sie waren gefangen worden*

Konjunktiv Plusquamperfekt

captus/-a/-um essem	*ich wäre gefangen worden*
captus/-a/-um essēs	*du wärest gefangen worden*
captus/-a/-um esset	*er/sie/es wäre gefangen worden*
captī/-ae/-a essēmus	*wir wären gefangen worden*
captī/-ae/-a essētis	*ihr wäret gefangen worden*
captī/-ae/-a essent	*sie wären gefangen worden*

Futur II

captus/-a/-um erō	*ich werde gefangen worden sein*
captus/-a/-um eris	*du wirst gefangen worden sein*
captus/-a/-um erit	*er/sie/es wird gefangen worden sein*
captī/-ae/-a erimus	*wir werden gefangen worden sein*
captī/-ae/-a eritis	*ihr werdet gefangen worden sein*
captī/-ae/-a erunt	*sie werden gefangen worden sein*

NOMINALFORMEN DES PARTIZIPIALSTAMMES

Infinitiv Perfekt Passiv

captum/-am/-um esse – *gefangen worden (zu) sein*

Partizip Perfekt Passiv

captus/-a/-um – *gefangen; einer/eine/eins, der/die/das gefangen worden ist*

Deponens der gemischten Konjugation

PERSONALFORMEN DES PRÄSENSSTAMMES

Indikativ Präsens

patior	*ich dulde*
pateris	*du duldest*
patitur	*er/sie/es duldet*
patimur	*wir dulden*
patiminī	*ihr duldet*
patiuntur	*sie dulden*

Indikativ Imperfekt

pati**ēba**r	*ich duldete*
pati**ēbā**ris	*du duldetest*
pati**ēbā**tur	*er/sie/es duldete*
pati**ēbā**mur	*wir duldeten*
pati**ēbā**minī	*ihr duldetet*
pati**ēba**ntur	*sie duldeten*

Futur I

pati**a**r	*ich werde dulden*
pati**ē**ris	*du wirst dulden*
pati**ē**tur	*er/sie/es wird dulden*
pati**ē**mur	*wir werden dulden*
pati**ē**minī	*ihr werdet dulden*
pati**e**ntur	*sie werden dulden*

Konjunktiv Präsens

pati**a**r	*ich möge dulden*
pati**ā**ris	*du mögest dulden*
pati**ā**tur	*er/sie/es möge dulden*
pati**ā**mur	*wir mögen dulden*
pati**ā**minī	*ihr möget dulden*
pati**a**ntur	*sie mögen dulden*

Konjunktiv Imperfekt

pate**re**r	*ich würde dulden*
pate**rē**ris	*du würdest dulden*
pate**rē**tur	*er/sie/es würde dulden*
pate**rē**mur	*wir würden dulden*
pate**rē**minī	*ihr würdet dulden*
pate**re**ntur	*sie würden dulden*

Imperativ

patere	*dulde!*
patiminī	*duldet!*

Imperativ Futur

patitor	*du sollst dulden!*
patitor	*er soll dulden!*
–	
patiuntor	*sie sollen dulden!*

NOMINALFORMEN DES PRÄSENS- UND PARTIZIPIALSTAMMES

Infinitiv Präsens

patī – *dulden*

Infinitiv Futur

passūrum/-am/-um esse – *im Begriff sein zu dulden*

Partizip Präsens

patiēns, patientis – *duldend; einer/eine/eins, der/die/das duldet*

Partizip Futur

passūrus/-a/-um – *einer/eine/eins, der/die/das dulden wird*

Gerund und Gerundiv

patī, patiendi usw. – *das Dulden usw.*; patiendus/-a/-um – *einer/eine/eins, der/die/das geduldet wird/werden muss*

Deponens der gemischten Konjugation

PERSONALFORMEN DES PARTIZIPIALSTAMMES

Indikativ Perfekt

passus/-a/-um sum	*ich habe geduldet*
passus/-a/-um es	*du hast geduldet*
passus/-a/-um est	*er/sie/es hat geduldet*
passī/-ae/-a sumus	*wir haben geduldet*
passī/-ae/-a estis	*ihr habt geduldet*
passī/-ae/-a sunt	*sie haben geduldet*

Indikativ Plusquamperfekt

passus/-a/-um eram	*ich hatte geduldet*
passus/-a/-um erās	*du hattest geduldet*
passus/-a/-um erat	*er/sie/es hatte geduldet*
passī/-ae/-a erāmus	*wir hatten geduldet*
passī/-ae/-a erātis	*ihr hattet geduldet*
passī/-ae/-a erant	*sie hatten geduldet*

Futur II

passus/-a/-um erō	*ich werde geduldet haben*
passus/-a/-um eris	*du wirst geduldet haben*
passus/-a/-um erit	*er/sie/es wird geduldet haben*
passī/-ae/-a erimus	*wir werden geduldet haben*
passī/-ae/-a eritis	*ihr werdet geduldet haben*
passī/-ae/-a erunt	*sie werden geduldet haben*

Konjunktiv Perfekt

passus/-a/-um sim	*ich habe geduldet*
passus/-a/-um sīs	*du habest geduldet*
passus/-a/-um sit	*er/sie/es habe geduldet*
passī/-ae/-a sīmus	*wir haben geduldet*
passī/-ae/-a sītis	*ihr habet geduldet*
passī/-ae/-a sint	*sie haben geduldet*

Konjunktiv Plusquamperfekt

passus/-a/-um essem	*ich hätte geduldet*
passus/-a/-um essēs	*du hättest geduldet*
passus/-a/-um esset	*er/sie/es hätte geduldet*
passī/-ae/-a essēmus	*wir hätten geduldet*
passī/-ae/-a essētis	*ihr hättet geduldet*
passī/-ae/-a essent	*sie hätten geduldet*

NOMINALFORMEN DES PARTIZIPIALSTAMMES

Infinitiv Perfekt

passum/-am/-um esse – *geduldet (zu) haben*

Partizip Perfekt

passus/-a/-um – *einer/eine/eins, der/die/das geduldet hat*

Unregelmäßige Verben

AKTIV

PERSONALFORMEN DES PRÄSENSSTAMMES

Indikativ Präsens

ferō	*ich trage*
fers	*du trägst*
fert	*er/sie/es trägt*
ferimus	*wir tragen*
fertis	*ihr tragt*
ferunt	*sie tragen*

Indikativ Imperfekt

fer**ēba**m	*ich trug*
fer**ēbā**s	*du trugst*
fer**ēba**t	*er/sie/es trug*
fer**ēbā**mus	*wir trugen*
fer**ēbā**tis	*ihr trugt*
fer**ēba**nt	*sie trugen*

Futur I

fer**a**m	*ich werde tragen*
fer**ē**s	*du wirst tragen*
fer**e**t	*er/sie/es wird tragen*
fer**ē**mus	*wir werden tragen*
fer**ē**tis	*ihr werdet tragen*
fer**e**nt	*sie werden tragen*

Konjunktiv Präsens

fer**a**m	*ich möge tragen*
fer**ā**s	*du mögest tragen*
fer**a**t	*er/sie/es möge tragen*
fer**ā**mus	*wir mögen tragen*
fer**ā**tis	*ihr möget tragen*
fer**a**nt	*sie mögen tragen*

Konjunktiv Imperfekt

fer**re**m	*ich würde tragen*
fer**rē**s	*du würdest tragen*
fer**re**t	*er/sie/es würde tragen*
fer**rē**mus	*wir würden tragen*
fer**rē**tis	*ihr würdet tragen*
fer**re**nt	*sie würden tragen*

Imperativ

fer	*trag!*
ferte	*tragt!*

Imperativ Futur

fertō	*du sollst tragen!*
fertō	*er/sie/es soll tragen!*
fertōte	*ihr sollt tragen!*
feruntō	*sie sollen tragen*

NOMINALFORMEN DES PRÄSENS- UND PARTIZIPIALSTAMMES

Infinitiv Präsens

ferre – *tragen*

Infinitiv Futur

lātūrum/-am/-um esse – *im Begriff sein zu tragen*

Partizip Präsens

ferēns, ferentis – *tragend, einer/eine/eins, der/die/das trägt*

Partizip Futur

lātūrus/-a/-um – *einer/eine/eins, der/die/das tragen wird*

Gerund

ferre, ferendī, -ndo, ad -ndum/ferre, ferrendo – *das Tragen, des Tragens, dem Tragen usw.*

PASSIV Unregelmäßige Verben

PERSONALFORMEN DES PRÄSENSSTAMMES

Indikativ Präsens

feror	*ich werde getragen*
ferris	*du wirst getragen*
fertur	*er/sie/es wird getragen*
ferimur	*wir werden getragen*
feriminī	*ihr werdet getragen*
feruntur	*sie werden getragen*

Indikativ Imperfekt

ferēbar	*ich wurde getragen*
ferēbāris	*du wurdest getragen*
ferēbātur	*er/sie/es wurde getragen*
ferēbāmur	*wir wurden getragen*
ferēbāminī	*ihr wurdet getragen*
ferēbantur	*sie wurden getragen*

Futur I

ferar	*ich werde getragen werden*
ferēris	*du wirst getragen werden*
ferētur	*er/sie/es wird getragen werden*
ferēmur	*wir werden getragen werden*
ferēminī	*ihr werdet getragen werden*
ferentur	*sie werden getragen werden*

Konjunktiv Präsens

ferar	*ich möge getragen werden*
ferāris	*du mögest getragen werden*
ferātur	*er/sie/es möge getragen werden*
ferāmur	*wir mögen getragen werden*
ferāminī	*ihr möget getragen werden*
ferantur	*sie mögen getragen werden*

Konjunktiv Imperfekt

ferrer	*ich würde getragen werden*
ferrēris	*du würdest getragen werden*
ferrētur	*er/sie/es würde getragen werden*
ferrēmur	*wir würden getragen werden*
ferrēminī	*ihr würdet getragen werden*
ferrentur	*sie würden getragen werden*

Imperativ

–

Imperativ Futur

–

NOMINALFORMEN DES PRÄSENS- UND PARTIZIPIALSTAMMES

Infinitiv Präsens

ferrī – *getragen (zu) werden*

Infinitiv Futur

lātum īrī – *in Zukunft getragen (zu) werden*

Partizip Präsens

–

Partizip Futur

–

Gerundiv

ferendus/-a/-um – *einer/eine/eins, der/die/das getragen wird/werden muss*

Unregelmäßige Verben AKTIV

PERSONALFORMEN DES PERFEKTSTAMMES

Indikativ Perfekt

tulī	*ich habe getragen*
tulistī	*du hast getragen*
tulit	*er/sie/es hat getragen*
tulimus	*wir haben getragen*
tulistis	*ihr habt getragen*
tulērunt	*sie haben getragen*

Konjunktiv Perfekt

tulerim	*ich habe getragen*
tuleris	*du habest getragen*
tulerit	*er/sie/es habe getragen*
tulerimus	*wir haben getragen*
tuleritis	*ihr habet getragen*
tulerint	*sie haben getragen*

Indikativ Plusquamperfekt

tuleram	*ich hatte getragen*
tulerās	*du hattest getragen*
tulerat	*er/sie/es hatte getragen*
tulerāmus	*wir hatten getragen*
tulerātis	*ihr hattet getragen*
tulerant	*sie hatten getragen*

Konjunktiv Plusquamperfekt

tulissem	*ich hätte getragen*
tulissēs	*du hättest getragen*
tulisset	*er/sie/es hätte getragen*
tulissēmus	*wir hätten getragen*
tulissētis	*ihr hättet getragen*
tulissent	*sie hätten getragen*

Futur II

tulerō	*ich werde getragen haben*
tuleris	*du wirst getragen haben*
tulerit	*er/sie/es wird getragen haben*
tulerimus	*wir werden getragen haben*
tuleritis	*ihr werdet getragen haben*
tulerint	*sie werden getragen haben*

NOMINALFORMEN DES PERFEKTSTAMMES

Infinitiv Perfekt Aktiv

tulisse – *getragen (zu) haben*

Partizip Perfekt Aktiv

–

PASSIV

Unregelmäßige Verben

PERSONALFORMEN DES PARTIZIPIALSTAMMES

Indikativ Perfekt

lātus/-a/-um sum	*ich bin getragen worden*
lātus/-a/-um es	*du bist getragen worden*
lātus/-a/-um est	*er/sie/es ist getragen worden*
lātī/-ae/-a sumus	*wir sind getragen worden*
lātī/-ae/-a estis	*ihr seid getragen worden*
lātī/-ae/-a sunt	*sie sind getragen worden*

Indikativ Plusquamperfekt

lātus/-a/-um eram	*ich war getragen worden*
lātus/-a/-um erās	*du warst getragen worden*
lātus/-a/-um erat	*er/sie/es war getragen worden*
lātī/-ae/-a erāmus	*wir waren getragen worden*
lātī/-ae/-a erātis	*ihr wart getragen worden*
lātī/-ae/-a erant	*sie waren getragen worden*

Futur II

lātus/-a/-um erō	*ich werde getragen worden sein*
lātus/-a/-um eris	*du wirst getragen worden sein*
lātus/-a/-um erit	*er/sie/es wird getragen worden sein*
lātī/-ae/-a erimus	*wir werden getragen worden sein*
lātī/-ae/-a eritis	*ihr werdet getragen worden sein*
lātī/-ae/-a erunt	*sie werden getragen worden sein*

Konjunktiv Perfekt

lātus/-a/-um sim	*ich sei getragen worden*
lātus/-a/-um sīs	*du seist getragen worden*
lātus/-a/-um sit	*er/sie/es sei getragen worden*
lātī/-ae/-a sīmus	*wir seien getragen worden*
lātī/-ae/-a sītis	*ihr seiet getragen worden*
lātī/-ae/-a sint	*sie seien getragen worden*

Konjunktiv Plusquamperfekt

lātus/-a/-um essem	*ich wäre getragen worden*
lātus/-a/-um essēs	*du wärest getragen worden*
lātus/-a/-um esset	*er/sie/es wäre getragen worden*
lātī/-ae/-a essēmus	*wir wären getragen worden*
lātī/-ae/-a essētis	*ihr wäret getragen worden*
lātī/-ae/-a essent	*sie wären getragen worden*

NOMINALFORMEN DES PARTIZIPIALSTAMMES

Infinitiv Perfekt Passiv

lātum/-am/-um esse – *getragen worden (zu) sein*

Partizip Perfekt Passiv

lātus/-a/-um – *getragen; einer/eine/eins, der/die/das getragen worden ist*

Unregelmäßige Verben — AKTIV

PERSONALFORMEN DES PRÄSENSSTAMMES

Indikativ Präsens

sum	*ich bin*
es	*du bist*
est	*er/sie/es ist*
sumus	*wir sind*
estis	*ihr seid*
sunt	*sie sind*

Indikativ Imperfekt

eram	*ich war*
erās	*du warst*
erat	*er/sie/es war*
erāmus	*wir waren*
erātis	*ihr wart*
erant	*sie waren*

Futur I

erō	*ich werde sein*
eris	*du wirst sein*
erit	*er/sie/es wird sein*
erimus	*wir werden sein*
eritis	*ihr werdet sein*
erunt	*sie werden sein*

Konjunktiv Präsens

sim	*ich sei/möge sein*
sīs	*du seiest/mögest sein*
sit	*er/sie/es sei/möge sein*
sīmus	*wir seien/mögen sein*
sītis	*ihr seiet/möget sein*
sint	*sie seien/mögen sein*

Konjunktiv Imperfekt

essem	*ich wäre/würde sein*
essēs	*du wärest/würdest sein*
esset	*er/sie/es wäre/würde sein*
essēmus	*wir wären/würden sein*
essētis	*ihr wäret/würdet sein*
essent	*sie wären/würden sein*

Imperativ

es	*sei!*
este	*seid!*

Imperativ Futur

estō	*du sollst sein!*
estō	*er soll sein!*
estōte	*ihr sollt sein!*
suntō	*sie sollen sein!*

NOMINALFORMEN DES PRÄSENS- UND PARTIZIPIALSTAMMES

Infinitiv Präsens

esse – *sein*

Infinitiv Futur

futūrum/-am/-um esse; fore – *in Zukunft (zu) sein*

Gerund

–

Partizip Präsens

–

Partizip Futur

futūrus/-a/-um – *zukünftig; einer/eine/eins, der/die/das sein wird*

AKTIV

Unregelmäßige Verben

PERSONALFORMEN DES PERFEKTSTAMMES

Indikativ Perfekt

fuī	*ich bin gewesen*
fuistī	*du bist gewesen*
fuit	*er/sie/es ist gewesen*
fuimus	*wir sind gewesen*
fuistis	*ihr seid gewesen*
fuērunt	*sie sind gewesen*

Indikativ Plusquamperfekt

fueram	*ich war gewesen*
fuerās	*du warst gewesen*
fuerat	*er/sie/es war gewesen*
fuerāmus	*wir waren gewesen*
fuerātis	*ihr wart gewesen*
fuerant	*sie waren gewesen*

Futur II

fuerō	*ich werde gewesen sein*
fueris	*du wirst gewesen sein*
fuerit	*er/sie/es wird gewesen sein*
fuerimus	*wir werden gewesen sein*
fueritis	*ihr werdet gewesen sein*
fuerint	*sie werden gewesen sein*

Konjunktiv Perfekt

fuerim	*ich sei gewesen*
fueris	*du seist gewesen*
fuerit	*er/sie/es sei gewesen*
fuerimus	*wir seien gewesen*
fueritis	*ihr seiet gewesen*
fuerint	*sie seien gewesen*

Konjunktiv Plusquamperfekt

fuissem	*ich wäre gewesen*
fuissēs	*du wärest gewesen*
fuisset	*er/sie/es wäre gewesen*
fuissēmus	*wir wären gewesen*
fuissētis	*ihr wäret gewesen*
fuissent	*sie wären gewesen*

NOMINALFORMEN DES PERFEKTSTAMMES

Infinitiv Perfekt Aktiv

fuisse – *gewesen (zu) sein*

Partizip Perfekt Aktiv

–

Unregelmäßige Verben

AKTIV

PERSONALFORMEN DES PRÄSENSSTAMMES

Indikativ Präsens

possum	*ich kann*
potes	*du kannst*
potest	*er/sie/es kann*
possumus	*wir können*
potestis	*ihr könnt*
possunt	*sie können*

Indikativ Imperfekt

poteram	*ich konnte*
poterās	*du konntest*
poterat	*er/sie/es konnte*
poterāmus	*wir konnten*
poterātis	*ihr konntet*
poterant	*sie konnten*

Futur I

poterō	*ich werde können*
poteris	*du wirst können*
poterit	*er/sie/es wird können*
poterimus	*wir werden können*
poteritis	*ihr werdet können*
poterunt	*sie werden können*

Konjunktiv Präsens

possim	*ich könne/möge können*
possīs	*du könnest/mögest können*
possit	*er/sie/es könne/möge können*
possīmus	*wir können/mögen können*
possītis	*ihr könnet/möget können*
possint	*sie können/mögen können*

Konjunktiv Imperfekt

possem	*ich könnte/würde können*
possēs	*du könntest/würdest können*
posset	*er/sie/es könnte/würde können*
possēmus	*wir könnten/würden können*
possētis	*ihr könntet/würdet können*
possent	*sie könnten/würden können*

Imperativ

–

Imperativ Futur

–

NOMINALFORMEN DES PRÄSENSSTAMMES

Infinitiv Präsens

posse – *können*

Infinitiv Futur

–

Partizip Präsens

–

Partizip Futur

–

Gerund

–

AKTIV Unregelmäßige Verben

PERSONALFORMEN DES PERFEKTSTAMMES

Indikativ Perfekt

potuī	*ich habe gekonnt*
potuistī	*du hast gekonnt*
potuit	*er/sie/es hat gekonnt*
potuimus	*wir haben gekonnt*
potuistis	*ihr habt gekonnt*
potuērunt	*sie haben gekonnt*

Konjunktiv Perfekt

potuerim	*ich habe gekonnt*
potueris	*du habest gekonnt*
potuerit	*er/sie/es habe gekonnt*
potuerimus	*wir haben gekonnt*
potueritis	*ihr habet gekonnt*
potuerint	*sie haben gekonnt*

Indikativ Plusquamperfekt

potueram	*ich hatte gekonnt*
potuerās	*du hattest gekonnt*
potuerat	*er/sie/es hatte gekonnt*
potuerāmus	*wir hatten gekonnt*
potuerātis	*ihr hattet gekonnt*
potuerant	*sie hatten gekonnt*

Konjunktiv Plusquamperfekt

potuissem	*ich hätte gekonnt*
potuissēs	*du hättest gekonnt*
potuisset	*er/sie/es hätte gekonnt*
potuissēmus	*wir hätten gekonnt*
potuissētis	*ihr hättet gekonnt*
potuissent	*sie hätten gekonnt*

Futur II

potuerō	*ich werde gekonnt haben*
potueris	*du wirst gekonnt haben*
potuerit	*er/sie/es wird gekonnt haben*
potuerimus	*wir werden gekonnt haben*
potueritis	*ihr werdet gekonnt haben*
potuerint	*sie werden gekonnt haben*

NOMINALFORMEN DES PERFEKTSTAMMES

Infinitiv Perfekt Aktiv

potuisse – *gekonnt (zu) haben*

Partizip Perfekt Aktiv

–

Unregelmäßige Verben AKTIV

NOMINALFORMEN DES PRÄSENSSTAMMES

Indikativ Präsens

prōsum	*ich nütze*
prōdes	*du nützt*
prōdest	*er/sie/es nützt*
prōsumus	*wir nützen*
prōdestis	*ihr nützt*
prōsunt	*sie nützen*

Indikativ Imperfekt

prōderam	*ich nützte*
prōderās	*du nütztest*
prōderat	*er/sie/es nützte*
prōderāmus	*wir nützten*
prōderātis	*ihr nütztet*
prōderant	*sie nützten*

Futur I

prōderō	*ich werde genützt haben*
prōderis	*du wirst genützt haben*
prōderit	*er/sie/es wird genützt haben*
prōderimus	*wir werden genützt haben*
prōderitis	*ihr werdet genützt haben*
prōderunt	*sie werden genützt haben*

Konjunktiv Präsens

prōsim	*ich nütze/möge nützen*
prōsīs	*du nützest/mögest nützen*
prōsit	*er/sie/es nütze/möge nützen*
prōsīmus	*wir nützen/mögen nützen*
prōsītis	*ihr nützet/möget nützen*
prōsint	*sie nützen/mögen nützen*

Konjunktiv Imperfekt

prōdessem	*ich nützte/würde nützen*
prōdessēs	*du nütztest/würdest nützen*
prōdesset	*er/sie/es nützte/würde nützen*
prōdessēmus	*wir nützten/würden nützen*
prōdessētis	*ihr nütztet/würdet nützen*
prōdessent	*sie nützten/würden nützen*

Imperativ

prōdes	*nütze!*
prōdeste	*nützt!*

Imperativ Futur

–

NOMINALFORMEN DES PRÄSENS- UND PERFEKTSTAMMES

Infinitiv Präsens

prōdesse – *nützen*

Infinitiv Futur

–

Partizip Präsens

–

Partizip Futur

prōfutūrus/-a/-um – *zukünftig; einer/eine/eins, der/die/das nützen wird*

Gerund

–

AKTIV

Unregelmäßige Verben

PERSONALFORMEN DES PERFEKTSTAMMES

Indikativ Perfekt

prōfuī	*ich habe genützt*
prōfuistī	*du hast genützt*
prōfuit	*er/sie/es hat genützt*
prōfuimus	*wir haben genützt*
prōfuistis	*ihr habt genützt*
prōfuērunt	*sie haben genützt*

Indikativ Plusquamperfekt

prōfueram	*ich hatte genützt*
prōfuerās	*du hattest genützt*
prōfuerat	*er/sie/es hatte genützt*
prōfuerāmus	*wir hatten genützt*
prōfuerātis	*ihr hattet genützt*
prōfuerant	*sie hatten genützt*

Futur II

prōfuerō	*ich werde genützt haben*
prōfueris	*du wirst genützt haben*
prōfuerit	*er/sie/es wird genützt haben*
prōfuerimus	*wir werden genützt haben*
prōfueritis	*ihr werdet genützt haben*
prōfuerint	*sie werden genützt haben*

Konjunktiv Perfekt

prōfuerim	*ich habe genützt*
prōfueris	*du habest genützt*
prōfuerit	*er/sie/es habe genützt*
prōfuerimus	*wir haben genützt*
prōfueritis	*ihr habet genützt*
prōfuerint	*sie haben genützt*

Konjunktiv Plusquamperfekt

prōfuissem	*ich hätte genützt*
prōfuissēs	*du hättest genützt*
prōfuisset	*er/sie/es hätte genützt*
prōfuissēmus	*wir hätten genützt*
prōfuissētis	*ihr hättet genützt*
prōfuissent	*sie hätten genützt*

NOMINALFORMEN DES PERFEKTSTAMMES

Infinitiv Perfekt Aktiv

prōfuisse – *genützt (zu) haben*

Partizip Perfekt Aktiv

–

Unregelmäßige Verben

AKTIV

PERSONALFORMEN DES PRÄSENSSTAMMES

Indikativ Präsens

volō	*ich will*
vīs	*du willst*
vult	*er/sie/es will*
volumus	*wir wollen*
vultis	*ihr wollt*
volunt	*sie wollen*

Indikativ Imperfekt

vol**ēba**m	*ich wollte*
vol**ēbā**s	*du wolltest*
vol**ēba**t	*er/sie/es wollte*
vol**ēbā**mus	*wir wollten*
vol**ēbā**tis	*ihr wolltet*
vol**ēba**nt	*sie wollten*

Futur I

vol**a**m	*ich werde wollen*
vol**ē**s	*du wirst wollen*
vol**e**t	*er/sie/es wird wollen*
vol**ē**mus	*wir werden wollen*
vol**ē**tis	*ihr werdet wollen*
vol**e**nt	*sie werden wollen*

Konjunktiv Präsens

vel**i**m	*ich möge wollen/wolle*
vel**ī**s	*du mögest wollen/wollest*
vel**i**t	*er/sie/es möge wollen/wolle*
vel**ī**mus	*wir mögen wollen/wollen*
vel**ī**tis	*ihr möget wollen/wollet*
vel**i**nt	*sie mögen wollen/wollen*

Konjunktiv Imperfekt

vel**le**m	*ich würde wollen/wollte*
vel**lē**s	*du würdest wollen/wolltest*
vel**le**t	*er/sie/es würde wollen/wollte*
vel**lē**mus	*wir würden wollen/wollten*
vel**lē**tis	*ihr würdet wollen/wolltet*
vel**le**nt	*sie würden wollen/wollten*

Imperativ

–

Imperativ Futur

–

NOMINALFORMEN DES PRÄSENSSTAMMES

Infinitiv Präsens

velle – *wollen*

Infinitiv Futur

–

Gerund

–

Partizip Präsens

volēns, volentis – *wollend; einer/eine/eins, der/die/das will*

Partizip Futur

–

AKTIV

Unregelmäßige Verben

PERSONALFORMEN DES PERFEKTSTAMMES

Indikativ Perfekt

voluī	*ich habe gewollt*
voluistī	*du hast gewollt*
voluit	*er/sie/es hat gewollt*
voluimus	*wir haben gewollt*
voluistis	*ihr habt gewollt*
voluērunt	*sie haben gewollt*

Indikativ Plusquamperfekt

volueram	*ich hatte gewollt*
voluerās	*du hattest gewollt*
voluerat	*er/sie/es hatte gewollt*
voluerāmus	*wir hatten gewollt*
voluerātis	*ihr hattet gewollt*
voluerant	*sie hatten gewollt*

Futur II

voluerō	*ich werde gewollt haben*
volueris	*du wirst gewollt haben*
voluerit	*er/sie/es wird gewollt haben*
voluerimus	*wir werden gewollt haben*
volueritis	*ihr werdet gewollt haben*
voluerint	*sie werden gewollt haben*

Konjunktiv Perfekt

voluerim	*ich habe gewollt*
volueris	*du habest gewollt*
voluerit	*er/sie/es habe gewollt*
voluerimus	*wir haben gewollt*
volueritis	*ihr habet gewollt*
voluerint	*sie haben gewollt*

Konjunktiv Plusquamperfekt

voluissem	*ich hätte gewollt*
voluissēs	*du hättest gewollt*
voluisset	*er/sie/es hätte gewollt*
voluissēmus	*wir hätten gewollt*
voluissētis	*ihr hättet gewollt*
voluissent	*sie hätten gewollt*

NOMINALFORMEN DES PERFEKTSTAMMES

Infinitiv Perfekt Aktiv

voluisse – *gewollt (zu) haben*

Partizip Perfekt Aktiv

–

Unregelmäßige Verben AKTIV

PERSONALFORMEN DES PRÄSENSSTAMMES

Indikativ Präsens

nōlō	*ich will nicht*
nōn vīs	*du willst nicht*
nōn vult	*er/sie/es will nicht*
nōlumus	*wir wollen nicht*
nōn vultis	*ihr wollt nicht*
nōlunt	*sie wollen nicht*

Konjunktiv Präsens

nōl**im**	*ich möge nicht wollen/wolle nicht*
nōl**īs**	*du mögest nicht wollen/wollest nicht*
nōl**it**	*er/sie/es möge nicht wollen/wolle nicht*
nōl**ī**mus	*wir mögen nicht wollen/wollen nicht*
nōl**ī**tis	*ihr möget nicht wollen/wollet nicht*
nōl**i**nt	*sie mögen nicht wollen/wollen nicht*

Imperfekt

nōl**ēba**m	*ich wollte nicht*
nōl**ēbā**s	*du wolltest nicht*
nōl**ēba**t	*er/sie/es wollte nicht*
nōl**ēbā**mus	*wir wollten nicht*
nōl**ēbā**tis	*ihr wolltet nicht*
nōl**ēba**nt	*sie wollten nicht*

Konjunktiv Imperfekt

nōl**le**m	*ich würde nicht wollen/wollte nicht*
nōl**lē**s	*du würdest nicht wollen/wolltest nicht*
nōl**le**t	*er/sie/es würde nicht wollen/wollte nicht*
nōl**lē**mus	*wir würden nicht wollen/wollten nicht*
nōl**lē**tis	*ihr würdet nicht wollen/wolltet nicht*
nōl**le**nt	*sie würden nicht wollen/wollten nicht*

Futur I

nōl**a**m	*ich werde nicht wollen*
nōl**ē**s	*du wirst nicht wollen*
nōl**e**t	*er/sie/es wird nicht wollen*
nōl**ē**mus	*wir werden nicht wollen*
nōl**ē**tis	*ihr werdet nicht wollen*
nōl**e**nt	*sie werden nicht wollen*

Imperativ

nōlī [turbāre]	*[störe] nicht!*
nōlīte [turbāre]	*[stört] nicht!*

Imperativ Futur

nōlītō [turbāre]	*du sollst nicht [stören]!*
nōlītō [turbāre]	*er/sie/es soll nicht [stören]!*
nōlītōte [turbāre]	*ihr sollt nicht [stören]!*
nōluntō [turbāre]	*sie sollen nicht [stören]!*

NOMINALFORMEN DES PRÄSENSSTAMMES

Infinitiv Präsens
nōlle – *nicht wollen*

Infinitiv Futur
–

Partizip Präsens
nōlēns, nōlentis – *nicht wollend*

Partizip Futur
–

Gerund
–

AKTIV

Unregelmäßige Verben

PERSONALFORMEN DES PERFEKTSTAMMES

Indikativ Perfekt

nōluī	*ich habe nicht gewollt*
nōluistī	*du hast nicht gewollt*
nōluit	*er/sie/es hat nicht gewollt*
nōluimus	*wir haben nicht gewollt*
nōluistis	*ihr habt nicht gewollt*
nōluērunt	*sie haben nicht gewollt*

Indikativ Plusquamperfekt

nōlueram	*ich hatte nicht gewollt*
nōluerās	*du hattest nicht gewollt*
nōluerat	*er/sie/es hatte nicht gewollt*
nōluerāmus	*wir hatten nicht gewollt*
nōluerātis	*ihr hattet nicht gewollt*
nōluerant	*sie hatten nicht gewollt*

Futur II

nōluerō	*ich werde nicht gewollt haben*
nōlueris	*du wirst nicht gewollt haben*
nōluerit	*er/sie/es wird nicht gewollt haben*
nōluerimus	*wir werden nicht gewollt haben*
nōlueritis	*ihr werdet nicht gewollt haben*
nōluerint	*sie werden nicht gewollt haben*

Konjunktiv Perfekt

nōluerim	*ich habe nicht gewollt*
nōlueris	*du habest nicht gewollt*
nōluerit	*er/sie/es habe nicht gewollt*
nōluerimus	*wir haben nicht gewollt*
nōlueritis	*ihr habet nicht gewollt*
nōluerint	*sie haben nicht gewollt*

Konjunktiv Plusquamperfekt

nōluissem	*ich hätte nicht gewollt*
nōluissēs	*du hättest nicht gewollt*
nōluisset	*er/sie/es hätte nicht gewollt*
nōluissēmus	*wir hätten nicht gewollt*
nōluissētis	*ihr hättet nicht gewollt*
nōluissent	*sie hätten nicht gewollt*

NOMINALFORMEN DES PERFEKTSTAMMES

Infinitiv Perfekt Aktiv

nōluisse – *nicht gewollt (zu) haben*

Partizip Perfekt Aktiv

–

Unregelmäßige Verben AKTIV

PERSONALFORMEN DES PRÄSENSSTAMMES

Indikativ Präsens

mālō	*ich will lieber*
māvīs	*du willst lieber*
māvult	*er/sie/es will lieber*
mālumus	*wir wollen lieber*
māvultis	*ihr wollt lieber*
mālunt	*sie wollen lieber*

Konjunktiv Präsens

māl**i**m	*ich möge lieber wollen/wolle lieber*
māl**ī**s	*du mögest lieber wollen/wollest lieber*
māl**i**t	*er/sie/es/ möge lieber wollen/wolle lieber*
māl**ī**mus	*wir mögen lieber wollen/wollen lieber*
māl**ī**tis	*ihr möget lieber wollen/wollet lieber*
māl**i**nt	*sie mögen lieber wollen/wollen lieber*

Indikativ Imperfekt

māl**ēba**m	*ich wollte lieber*
māl**ēbā**s	*du wolltest lieber*
māl**ēba**t	*er/sie/es wollte lieber*
māl**ēbā**mus	*wir wollten lieber*
māl**ēbā**tis	*ihr wolltet lieber*
māl**ēba**nt	*sie wollten lieber*

Konjunktiv Imperfekt

māl**le**m	*ich würde lieber wollen/wollte lieber*
māl**lē**s	*du würdest lieber wollen/wolltest lieber*
māl**le**t	*er/sie/es würde lieber wollen/wollte lieber*
māl**lē**mus	*wir würden lieber wollen/wollten lieber*
māl**lē**tis	*ihr würdet lieber wollen/wolltet lieber*
māl**le**nt	*sie würden lieber wollen/wollten lieber*

Futur I

māl**a**m	*ich werde lieber wollen*
māl**ē**s	*du wirst lieber wollen*
māl**e**t	*er/sie/es wird lieber wollen*
māl**ē**mus	*wir werden lieber wollen*
māl**ē**tis	*ihr werdet lieber wollen*
māl**e**nt	*sie werden lieber wollen*

Imperativ

–

Imperativ Futur

–

NOMINALFORMEN DES PRÄSENSSTAMMES

Infinitiv Präsens

mālle – *wollen*

Infinitiv Futur

–

Partizip Präsens

–

Partizip Futur

–

Gerund

–

AKTIV

Unregelmäßige Verben

PERSONALFORMEN DES PERFEKTSTAMMES

Indikativ Perfekt

māluī	*ich habe lieber gewollt*
māluistī	*du hast lieber gewollt*
māluit	*er/sie/es hat lieber gewollt*
māluimus	*wir haben lieber gewollt*
māluistis	*ihr habt lieber gewollt*
māluērunt	*sie haben lieber gewollt*

Indikativ Plusquamperfekt

mālueram	*ich hatte lieber gewollt*
māluerās	*du hattest lieber gewollt*
māluerat	*er/sie/es hatte lieber gewollt*
māluerāmus	*wir hatten lieber gewollt*
māluerātis	*ihr hattet lieber gewollt*
māluerant	*sie hatten lieber gewollt*

Futur II

māluerō	*ich werde lieber gewollt haben*
mālueris	*du wirst lieber gewollt haben*
māluerit	*er/sie/es wird lieber gewollt haben*
māluerimus	*wir werden lieber gewollt haben*
mālueritis	*ihr werdet lieber gewollt haben*
māluerint	*sie werden lieber gewollt haben*

Konjunktiv Perfekt

māluerim	*ich habe lieber gewollt*
mālueris	*du habest lieber gewollt*
māluerit	*er/sie/es habe lieber gewollt*
māluerimus	*wir haben lieber gewollt*
mālueritis	*ihr habet lieber gewollt*
māluerint	*sie haben lieber gewollt*

Konjunktiv Plusquamperfekt

māluissem	*ich hätte lieber gewollt*
māluissēs	*du hättest lieber gewollt*
māluisset	*er/sie/es hätte lieber gewollt*
māluissēmus	*wir hätten lieber gewollt*
māluissētis	*ihr hättet lieber gewollt*
māluissent	*sie hätten lieber gewollt*

NOMINALFORMEN DES PERFEKTSTAMMES

Infinitiv Perfekt Aktiv

māluisse – *lieber gewollt (zu) haben*

Partizip Perfekt Aktiv

–

Unregelmäßige Verben

AKTIV

PERSONALFORMEN DES PRÄSENSSTAMMES

Indikativ Präsens

eō	*ich gehe*
īs	*du gehst*
it	*er/sie/es geht*
īmus	*wir gehen*
ītis	*ihr geht*
eunt	*sie gehen*

Indikativ Imperfekt

ībam	*ich ging*
ībās	*du gingst*
ībat	*er/sie/es ging*
ībāmus	*wir gingen*
ībātis	*ihr gingt*
ībant	*sie gingen*

Futur I

ībō	*ich werde gehen*
ībis	*du wirst gehen*
ībit	*er/sie/es wird gehen*
ībimus	*wir werden gehen*
ībitis	*ihr werdet gehen*
ībunt	*sie werden gehen*

Konjunktiv Präsens

eam	*ich möge gehen*
eās	*du mögest gehen*
eat	*er/sie/es möge gehen*
eāmus	*wir mögen gehen*
eātis	*ihr möget gehen*
eant	*sie mögen gehen*

Konjunktiv Imperfekt

īrem	*ich würde gehen*
īrēs	*du würdest gehen*
īret	*er/sie/es würde gehen*
īrēmus	*wir würden gehen*
īrētis	*ihr würdet gehen*
īrent	*sie würden gehen*

Imperativ

ī	*geh!*
īte	*geht!*

Imperativ Futur

ītō	*du sollst gehen!*
ītō	*er/sie/es soll gehen!*
ītōte	*ihr sollt gehen!*
euntō	*sie sollen gehen!*

NOMINALFORMEN DES PRÄSENS- UND PARTIZIPIALSTAMMES

Infinitiv Präsens

īre – *gehen*

Infinitiv Futur

itūrum/-am/-um esse – *im Begriff sein zu gehen*

Partizip Präsens

iēns, euntis – *gehend; einer/eine/eins, der/die/das geht*

Partizip Futur

itūrus/-a/-um – *einer/eine/eins, der/die/das gehen wird*

Gerund

īre, eundī, -ndo, ad -ndum/īre, eundo – *das Gehen, des Gehens, dem Gehen usw.*

AKTIV

Unregelmäßige Verben

PERSONALFORMEN DES PERFEKTSTAMMES

Indikativ Perfekt

iī	*ich bin gegangen*
īstī	*du bist gegangen*
iit	*er/sie/es ist gegangen*
iimus	*wir sind gegangen*
īstis	*ihr seid gegangen*
iērunt	*sie sind gegangen*

Indikativ Plusquamperfekt

ieram	*ich war gegangen*
ierās	*du warst gegangen*
ierat	*er/sie/es war gegangen*
ierāmus	*wir waren gegangen*
ierātis	*ihr wart gegangen*
ierant	*sie waren gegangen*

Futur II

ierō	*ich werde gegangen sein*
ieris	*du wirst gegangen sein*
ierit	*er/sie/es wird gegangen sein*
ierimus	*wir werden gegangen sein*
ieritis	*ihr werdet gegangen sein*
ierint	*sie werden gegangen sein*

Konjunktiv Perfekt

ierim	*ich sei gegangen*
ieris	*du seiest gegangen*
ierit	*er/sie/es sei gegangen*
ierimus	*wir seien gegangen*
ieritis	*ihr seiet gegangen*
ierint	*sie seien gegangen*

Konjunktiv Plusquamperfekt

īssem	*ich wäre gegangen*
īssēs	*du wärest gegangen*
īsset	*er/sie/es wäre gegangen*
īssēmus	*wir wären gegangen*
īssētis	*ihr wäret gegangen*
īssent	*sie wären gegangen*

NOMINALFORMEN DES PERFEKTSTAMMES

Infinitiv Perfekt Aktiv

īsse – *gegangen (zu) sein*

Partizip Perfekt Aktiv

–

Unregelmäßige Verben

PERSONALFORMEN DES PRÄSENSSTAMMES

Indikativ Präsens

fīō	*ich werde (gemacht)*
fīs	*du wirst (gemacht)*
fit	*er/sie/es/ wird (gemacht), es geschieht*
fīmus	*wir werden (gemacht)*
fītis	*ihr werdet (gemacht)*
fīunt	*sie werden (gemacht)*

Indikativ Imperfekt

fīēbam	*ich wurde (gemacht)*
fīēbās	*du wurdest (gemacht)*
fīēbat	*er/sie/es wurde (gemacht), es geschah*
fīēbāmus	*wir wurden (gemacht)*
fīēbātis	*ihr wurdet (gemacht)*
fīēbant	*sie wurden (gemacht)*

Futur I

fīam	*ich werde (gemacht) werden*
fīēs	*du wirst (gemacht) werden*
fīet	*er/sie/es wird (gemacht) werden, es wird geschehen*
fīēmus	*wir werden (gemacht) werden*
fīētis	*ihr werdet (gemacht) werden*
fīent	*sie werden (gemacht) werden*

Konjunktiv Präsens

fīam	*ich möge (gemacht) werden*
fīās	*du mögest (gemacht) werden*
fīat	*er/sie/es möge (gemacht) werden, es möge geschehen*
fīāmus	*wir mögen (gemacht) werden*
fīātis	*ihr möget (gemacht) werden*
fīant	*sie mögen (gemacht) werden*

Konjunktiv Imperfekt

fierem	*ich würde (gemacht) werden*
fierēs	*du würdest (gemacht) werden*
fieret	*er/sie/es würde (gemacht) werden, es würde geschehen*
fierēmus	*wir würden (gemacht) werden*
fierētis	*ihr würdet (gemacht) werden*
fierent	*sie würden (gemacht) werden*

Imperativ

fī	*werde!*
fīte	*werdet!*

Imperativ Futur

–

NOMINALFORMEN DES PRÄSENSSTAMMES

Infinitiv Präsens

fierī – *werden, gemacht werden, geschehen*

Infinitiv Futur

factum īrī – *im Begriff sein, gemacht zu werden*
fore *od.* futūrum/-am/-um esse – *künftig geschehen*

Partizip Präsens

–

Partizip Futur

(futūrus/-a/-um) – *einer/eine/eins, der/die/das (gemacht) werden wird*

Gerundiv

faciendus/-a/-um – *einer/eine/eins, der/die/das gemacht wird/werden muss*

Unregelmäßige Verben

PERSONALFORMEN DES PARTIZIPIALSTAMMES

Indikativ Perfekt

factus/-a/-um sum	*ich bin ge-(macht) worden*
factus/-a/-um es	*du bist ge-(macht) worden*
factus/-a/-um est	*er/sie/es ist ge-(macht) worden, es ist geschehen*
factī/-ae/-a sumus	*wir sind ge-(macht) worden*
factī/-ae/-a estis	*ihr seid ge-(macht) worden*
factī/-ae/-a sunt	*sie sind ge-(macht) worden*

Indikativ Plusquamperfekt

factus/-a/-um eram	*ich war ge-(macht) worden*
factus/-a/-um erās	*du warst ge-(macht) worden*
factus/-a/-um erat	*er/sie/es war ge-(macht) worden, es war geschehen*
factī/-ae/-a erāmus	*wir waren ge-(macht) worden*
factī/-ae/-a erātis	*ihr wart ge-(macht) worden*
factī/-ae/-a erant	*sie waren ge-(macht) worden*

Futur II

factus/-a/-um erō	*ich werde ge-(macht) worden sein*
factus/-a/-um eris	*du wirst ge-(macht) worden sein*
factus/-a/-um erit	*er/sie/es wird ge-(macht) worden sein, es wird geschehen*
factī/-ae/-a erimus	*wir werden ge-(macht) worden sein*
factī/-ae/-a eritis	*ihr werdet ge-(macht) worden sein*
factī/-ae/-a erunt	*sie werden ge-(macht) worden sein*

Konjunktiv Perfekt

factus/-a/-um sim	*ich sei ge-(macht) worden*
factus/-a/-um sīs	*du seist ge-(macht) worden*
factus/-a/-um sit	*er/sie/es sei ge-(macht) worden, es sei geschehen*
factī/-ae/-a sīmus	*wir seien ge-(macht) worden*
factī/-ae/-a sītis	*ihr seiet ge-(macht) worden*
factī/-ae/-a sint	*sie seien ge-(macht) worden*

Konjunktiv Plusquamperfekt

factus/-a/-um essem	*ich wäre ge-(macht) worden*
factus/-a/-um essēs	*du wärest ge-(macht) worden*
factus/-a/-um esset	*er/sie/es wäre ge-(macht) worden, es wäre geschehen*
factī/-ae/-a essēmus	*wir wären ge-(macht) worden*
factī/-ae/-a essētis	*ihr wäret ge-(macht) worden*
factī/-ae/-a essent	*sie wären ge-(macht) worden*

NOMINALFORMEN DES PARTIZIPIALSTAMMES

Infinitiv Perfekt

factum/-am/-um esse – *ge-(macht) worden (zu) sein*

Partizip Perfekt

factus/-a/-um – *gemacht; einer/eine/eins, der/die/das ge-(macht) worden ist*

Defektives Verb

AKTIV

PERSONALFORMEN DES PERFEKTSTAMMES

Indikativ Perfekt

meminī	*ich erinnere mich*
meministī	*du erinnerst dich*
meminit	*er/sie/es erinnert sich*
meminimus	*wir erinnern uns*
meministis	*ihr erinnert euch*
meminērunt	*sie erinnern sich*

Indikativ Plusquamperfekt

memineram	*ich erinnerte mich*
memineràs	*du erinnertest dich*
meminerat	*er/sie/es erinnerte sich*
memineràmus	*wir erinnerten uns*
memineràtis	*ihr erinnertet euch*
meminerant	*sie erinnerten sich*

Futur II

meminerō	*ich werde mich erinnern*
memineris	*du wirst dich erinnern*
meminerit	*er/sie/es wird sich erinnern*
meminerimus	*wir werden uns erinnern*
memineritis	*ihr werdet euch erinnern*
meminerint	*sie werden sich erinnern*

Konjunktiv Perfekt

meminerim	*ich möge mich erinnern*
memineris	*du mögest dich erinnern*
meminerit	*er/sie/es möge sich erinnern*
meminerimus	*wir mögen uns erinnern*
memineritis	*ihr möget euch erinnern*
meminerint	*sie mögen sich erinnern*

Konjunktiv Plusquamperfekt

meminissem	*ich würde mich erinnern*
meminissēs	*du würdest dich erinnern*
meminisset	*er/sie/es würde sich erinnern*
meminissēmus	*wir würden uns erinnern*
meminissētis	*ihr würdet euch erinnern*
meminissent	*sie würden sich erinnern*

Imperativ

mementō	*erinnere dich!*
mementōte	*erinnert euch!*

Imperativ Futur

–

NOMINALFORMEN DES PERFEKTSTAMMES

Infinitiv Perfekt

meminisse – *sich (zu) erinnern*

Partizip Perfekt

–

AKTIV

Defektives Verb

PERSONALFORMEN DES PERFEKTSTAMMES

Indikativ Perfekt

ōdī	*ich hasse*
ōdistī	*du hasst*
ōdit	*er/sie/es hasst*
ōdimus	*wir hassen*
ōdistis	*ihr hasst*
ōdērunt	*sie hassen*

Indikativ Plusquamperfekt

ōderam	*ich hasste*
ōderās	*du hasstest*
ōderat	*er/sie/es hasste*
ōderāmus	*wir hassten*
ōderātis	*ihr hasstet*
ōderant	*sie hassten*

Futur II

ōderō	*ich werde hassen*
ōderis	*du wirst hassen*
ōderit	*er/sie/es wird hassen*
ōderimus	*wir werden hassen*
ōderitis	*ihr werdet hassen*
ōderint	*sie werden hassen*

Konjunktiv Perfekt

ōderim	*ich möge hassen/hasse*
ōderis	*du mögest hassen/hassest*
ōderit	*er/sie/es möge hassen/hasse*
ōderimus	*wir mögen hassen/hassen*
ōderitis	*ihr möget hassen/hasset*
ōderint	*sie mögen hassen/hassen*

Konjunktiv Plusquamperfekt

ōdissem	*ich würde hassen/hasste*
ōdissēs	*du würdest hassen/hasstest*
ōdisset	*er/sie/es würde hassen/hasste*
ōdissēmus	*wir würden hassen/hassten*
ōdissētis	*ihr würdet hassen/hasstet*
ōdissent	*sie würden hassen/hassten*

NOMINALFORMEN DES PERFEKT- UND PARTIZIPIALSTAMMES

Infinitiv Perfekt

ōdisse – *hassen*

Partizip Futur

ōsūrus/-a/-um – *einer/eine/eins, der/die/das hassen wird*

Stammformen wichtiger Verben

VERBEN DER A-KONJUGATION

v-Perfekt

1	amāre	amō	amāvī	amātum	*lieben*
2	laudāre	laudō	laudāvī	laudātum	*loben*

u-Perfekt

3	domāre	domō	domuī	domitum	*bändigen, zähmen*
4	secāre	secō	secuī	sectum	*(ab)schneiden*
5	vetāre	vetō	vetuī	vetitum	*verbieten*

Reduplikationsperfekt

6	dare	dō	dedī	datum	*geben*
7	circumdare	circumdō	circumdedī	circumdatum	*umgeben*
8	stāre	stō	stetī	stātūrus	*stehen*
9	circumstāre	circumstō	circumstetī	–	*herumstehen, umringen*
10	cōnstāre	cōnstō	cōnstitī	cōnstātūrus	*bestehen, kosten, feststehen*
		cōnstat	cōnstitit		*es steht fest/hat festgestanden*
11	instāre	instō	institī	–	*bevorstehen, drohen, zusetzen*
12	obstāre	obstō	obstitī	–	*im Wege stehen, hindern*
13	praestāre	praestō	praestitī	praestātūrus	*(Dat.) voranstehen, übertreffen (Akk.) leisten, erweisen*
		praestat	praestitit		*es ist besser/besser gewesen*
14	restāre	restō	restitī	–	*übrig bleiben*

Dehnungsperfekt

15	(ad)iuvāre	(ād)iuvō	(ad)iūvī	(ad)iūtum	*unterstützen, helfen*
		iuvat	iūvit		*es freut/hat gefreut*
16	lavāre	lavō	lāvī	–	*waschen*
				lautus	*rein*

Deponentien

17	lavārī	lavor	lautus sum	*sich waschen, baden*
18	aemulārī	aemulor	aemulātus sum	*nacheifern*
19	arbitrārī	arbitror	arbitrātus sum	*glauben, meinen*
20	auxiliārī	auxilior	auxiliātus sum	*helfen*
21	comitārī	comitor	comitātus sum	*begleiten*
22	cōnārī	cōnor	conātus sum	*versuchen*
23	percontārī	percontor	percontātus sum	*fragen, erforschen*
24	cōntiōnārī	cōntiōnor	cōntiōnātus sum	*eine Rede halten*

25	recordārī	recordor	recordātus sum	*sich erinnern*
26	cūnctārī	cūnctor	cūnctātus sum	*zögern, zaudern*
27	indīgnārī	indīgnor	indīgnātus sum	*unwillig sein*
28	dominārī	dominor	dominātus sum	*herrschen*
29	glōriārī	glōrior	glōriātus sum	*sich rühmen*
30	grātulārī	grātulor	grātulātus sum	*Glück wünschen*
31	(ad/co)hortārī	(ad/co)hortor	(ad/co)hortātus sum	*ermahnen, antreiben*
32	imitārī	imitor	imitātus sum	*nachahmen*
33	interpretārī	interpretor	interpretātus sum	*erklären, deuten*
34	laetārī	laetor	laetātus sum	*sich freuen*
35	minārī	minor	minātus sum	*drohen, bedrohen*
36	minitārī	minitor	minitātus sum	*drohen, bedrohen*
37	(ad)mirārī	(ad)miror	(ad)mirātus sum	*sich wundern, bewundern*
38	miserārī	miseror	miserātus sum	*bedauern, beklagen*
39	morārī	moror	morātus sum	*sich/jmd. aufhalten*
40	opīnārī	opīnor	opīnātus sum	*meinen*
41	perīclitārī	perīclitor	perīclitātus sum	*versuchen, Gefahr laufen*
42	populārī	populor	populātus sum	*verwüsten*
43	praedārī	praedor	praedātus sum	*Beute machen*
44	precārī	precor	precātus sum	*bitten, beten*
45	proeliārī	proelior	proeliātus sum	*kämpfen*
46	(cōn)sectārī	(cōn)sector	(cōn)sectātus sum	*nachjagen*
47	(cōn)sōlārī	(cōn)sōlor	(cōn)sōlātus sum	*trösten*
48	speculārī	speculor	speculātus sum	*auskundschaften*
49	(per)scrūtārī	(per)scrūtor	(per)scrūtātus sum	*durchsuchen, erforschen*
50	āspernārī	āspernor	āspernātus sum	*verschmähen*
51	cōnspicārī	cōnspicor	cōnspicātus sum	*erblicken*
52	suspicārī	suspicor	suspicātus sum	*vermuten*
53	testārī	testor	testātus sum	*als Zeugen anrufen, bezeugen*
54	obtestārī	obtestor	obtestātus sum	*anflehen, beschwören*
55	tūtārī	tūtor	tūtātus sum	*schützen*
56	vagārī	vagor	vagātus sum	*umherstreifen*
57	vēnārī	vēnor	vēnātus sum	*jagen*
58	venerārī	veneror	venerātus sum	*verehren*
59	versārī	versor	versātus sum	*sich aufhalten*

VERBEN DER E-KONJUGATION

v-Perfekt

60	complēre	compleō	complēvī	complētum	*(an)füllen, erfüllen*
61	implēre	impleō	implēvī	implētum	*(an)füllen, erfüllen*
62	dēlēre	dēleō	dēlēvī	dēlētum	*zerstören, vernichten*
63	flēre	fleō	flēvī	flētum	*weinen*

u-Perfekt

64	arcēre	arceō	arcuī	–	abhalten, abwehren
65	coercēre	coerceō	coercuī	coercitum	zusammenhalten, zügeln, maßregeln
66	exercēre	exerceō	exercuī	–	üben, (sich) plagen
				exercitātus	geübt
				exercitus	geplagt
67	habēre	habeō	habuī	habitum	haben, halten
68	adhibēre	adhibeō	adhibuī	adhibitum	anwenden, beiziehen
69	prohibēre	prohibeō	prohibuī	prohibitum	abhalten, hindern
70	dēbēre	dēbeō	dēbuī	dēbitum	schulden, müssen, danken
71	praebēre	praebeō	praebuī	praebitum	darreichen, gewähren
72	merēre	mereō	meruī	meritum	verdienen
73	monēre	moneō	monuī	monitum	(er)mahnen
74	admonēre	admoneō	admonuī	admonitum	(er)mahnen, erinnern
75	nocēre	noceō	nocuī	nocitūrus	schaden
76	placēre	placeō	placuī	–	gefallen
		placet	placuit	placitum	es gefällt/hat gefallen/beschlossen
77	tacēre	taceō	tacuī	–	(ver)schweigen
				tacitus	verschwiegen
78	terrēre	terreō	terruī	territum	jmd. erschrecken
79	perterrēre	perterreō	perterruī	perterritum	jmd. erschrecken, einschüchtern
80	docēre	doceō	docuī	doctum	lehren, unterrichten
81	miscēre	misceō	miscuī	mixtum	mischen
82	tenēre	teneō	tenuī	–	halten
83	abstinēre	abstineō	abstinuī	–	sich fernhalten, sich enthalten
84	continēre	contineō	continuī	–	zusammenhalten
				contentus	zufrieden
85	obtinēre	obtineō	obtinuī	obtentum	festhalten, behaupten, besitzen
86	pertinēre	pertineō	pertinuī	–	sich erstrecken, sich beziehen
87	retinēre	retineō	retinuī	retentum	zurückhalten
88	sustinēre	sustineō	sustinuī	(sustentātum)	aufhalten
89	cēnsēre	cēnseō	cēnsuī	cēnsum	schätzen, meinen
90	carēre	careō	caruī	–	entbehren, nicht haben
91	egēre	egeō	eguī	–	brauchen, Mangel haben
92	dolēre	doleō	doluī	–	Schmerz empfinden, leiden
93	horrēre	horreō	horruī	–	schaudern
94	iacēre	iaceō	iacuī	–	liegen
95	latēre	lateō	latuī	–	verborgen sein
96	ēminēre	ēmineō	ēminuī	–	herausragen, hervorragen
97	imminēre	immineō	–	–	hineinragen, drohen
98	pārēre	pāreō	pāruī	–	gehorchen
99	appārēre	appāreō	appāruī	–	erscheinen, sich zeigen
		appāret	appāruit		es ist offenkundig/gewesen
100	patēre	pateō	patuī	–	sich erstrecken, offenstehen

101	studēre	studeō	studuī	–	*sich bemühen, versuchen*
102	timēre	timeō	timuī	–	*(sich) fürchten*
103	valēre	valeō	valuī	–	*gesund sein, Einfluss haben, vermögen*
104	vigēre	vigeō	viguī	–	*frisch/kräftig sein*

s-Perfekt

105	augēre	augeō	auxī	auctum	*vermehren, fördern*
106	torquēre	torqueō	torsī	tortum	*drehen, foltern*
107	ārdēre	ārdeō	ārsī	ārsūrus	*brennen, glühen*
108	haerēre	haereō	haesī	haesūrus	*hängen, stecken (bleiben)*
109	iubēre	iubeō	iussī	iussum	*befehlen, beauftragen*
110	manēre	maneō	mānsī	mānsūrus	*bleiben, warten (auf)*
111	permanēre	permaneō	permānsī	permānsūrus	*verharren, fortdauern*
112	rīdēre	rīdeō	rīsī	rīsum	*lachen, auslachen*
113	suādēre	suādeō	suāsī	suāsum	*raten, zureden*
114	persuādēre	persuādeō	persuāsī	persuāsum	*(ut) überreden, (a. c. i.) überzeugen*
115	fulgēre	fulgeō	fulsī	–	*blitzen, strahlen*
116	lūcēre	lūceō	lūxī	–	*leuchten*
117	urgēre	urgeō	ursī	–	*(be)drängen*

Reduplikationsperfekt

*Bei dem Kompositum keine Reduplikation

118	pendēre	pendeō	pependī	–	*hängen, schweben*
119	impendēre	impendeō	–	–	*bevorstehen, drohen*
120	spondēre	spondeō	spopondī	spōnsum	*geloben, versprechen*
121	respondēre	respondeō	respondī*	respōnsum	*antworten*

Dehnungsperfekt

122	cavēre	caveō	cāvī	cautum	*achtgeben, (Akk.) sich hüten vor*
123	favēre	faveō	fāvī	fautum	*gewogen sein, begünstigen*
124	movēre	moveō	mōvī	mōtum	*bewegen*
125	commovēre	commoveō	commōvī	commōtum	*bewegen, erregen*
126	permovēre	permoveō	permōvī	permōtum	*veranlassen*
127	removēre	removeō	remōvī	remōtum	*entfernen, wegschaffen*
128	sedēre	sedeō	sēdī	sessum	*sitzen*
129	obsidēre	obsideō	obsēdī	obsessum	*belagern*
130	possidēre	possideō	possēdī	possessum	*besitzen*
131	vidēre	videō	vīdī	vīsum	*sehen*
132	invidēre	invideō	invīdī	invīsum	*missgönnen, beneiden*
133	prōvidēre	prōvideō	prōvīdī	prōvīsum	*(Akk.) vorhersehen, (Dat.) sorgen für*

Deponentien

134	pollicērī	polliceor	pollicitus sum		*versprechen*
135	merērī	mereor	meritus sum		*verdienen, sich verdient machen*

136 miserērī	misereor	miseritus sum		*sich erbarmen*
137 verērī	vereor	veritus sum		*(sich) scheuen, fürchten, ehren*
138 rērī	reor	ratus sum		*rechnen, meinen*
139 tuērī	tueor	–		*schützen*
		tutus		*sicher*
140 intuērī	intueor	–		*betrachten*
141 fatērī	fateor	fassus sum		*bekennen, gestehen*
142 cōnfitērī	cōnfiteor	cōnfessus sum		*bekennen, gestehen*
143 profitērī	profiteor	professus sum		*offen erklären*
144 medērī	medeor	–		*heilen*

Halbdeponentien

145 solēre	soleō	solitus sum		*pflegen, gewohnt sein*
146 audēre	audeō	ausus sum		*wagen*
147 gaudēre	gaudeō	gāvīsus sum		*sich freuen*

VERBEN DER I-KONJUGATION

v-Perfekt

148 audīre	audiō	audīvī	audītum	*hören*
149 sepelīre	sepeliō	sepelīvī	sepultum	*bestatten*

u-Perfekt

150 aperīre	aperiō	aperuī	apertum	*öffnen, aufdecken*
151 operīre	operiō	operuī	opertum	*bedecken, verschließen*
152 dēsilīre	dēsiliō	dēsiluī	–	*herabspringen*

s-Perfekt

153 haurīre	hauriō	hausī	haustum	*trinken, schöpfen*
154 exhaurīre	exhauriō	exhausī	exhaustum	*erschöpfen*
155 saepīre	saepiō	saepsī	saeptum	*einzäunen*
156 sancīre	granciō	sānxī	sānctum	*heiligen, festsetzen*
157 vincīre	vinciō	vīnxī	vīnctum	*fesseln, binden*
158 sentīre	sentiō	sēnsī	sēnsum	*fühlen, meinen*
159 cōnsentīre	cōnsentiō	cōnsēnsī	cōnsēnsum	*übereinstimmen*
160 dissentīre	dissentiō	dissēnsī	dissēnsum	*abweichen, anderer Meinung sein*

Reduplikationsperfekt

161 reperīre	reperiō	repperī	repertum	*finden*
162 comperīre	comperiō	comperī	compertum	*erfahren*

Dehnungsperfekt

163 venīre	veniō	vēnī	ventum	*kommen*

164	circumvenīre	circumveniō	circumvēnī	circumventum	*umzingeln, bedränger*
165	convenīre	conveniō	convēnī	conventum	*zusammenkommen, antreffen, besuchen*
166	invenīre	inveniō	invēnī	inventum	*finden, erfinden*
167	pervenīre	perveniō	pervēnī	perventum	*(ans Ziel) gelangen*
168	subvenīre	subveniō	subvēnī	subventum	*zu Hilfe kommen*

Deponentien

169	blandīrī	blandior	blandītus sum	*schmeicheln*
170	largīrī	largior	largītus sum	*spenden, schenken*
171	mentīrī	mentior	mentītus sum	*ersinnen, lügen*
172	mōlīrī	mōlior	mōlītus sum	*in Bewegung setzen, unternehmen*
173	partīrī	partior	partītus sum	*teilen*
174	potīrī	potior	potītus sum	*(Abl.) sich bemächtigen*
175	sortīrī	sortior	sortītus sum	*erlosen, erlangen*
176	assentīrī	assentior	assēnsus sum	*zustimmen*
177	adorīrī	adorior	adortus sum	*angreifen*
178	experīrī	experior	expertus sum	*versuchen, erproben*
179	opperīrī	opperior	oppertus sum	*(er)warten*
180	mētīrī	mētior	mēnsus sum	*messen*
181	ōrdīrī	ōrdior	ōrsus sum	*anfangen, beginnen*

VERBEN DER KONSONANTISCHEN KONJUGATION

v-Perfekt

182	cernere	cernō	(crēvī)	(crētum)	*sehen, sichten*
183	dēcernere	dēcernō	dēcrēvī	dēcrētum	*entscheiden, beschließen*
184	discernere	discernō	discrēvī	discrētum	*scheiden, unterscheiden*
185	sēcernere	sēcernō	sēcrēvī	sēcrētum	*absondern, trennen*
186	serere	serō	sēvī	satum	*säen, pflanzen*
187	spernere	spernō	sprēvī	sprētum	*zurückweisen, verschmähen*
188	sternere	sternō	strāvī	strātum	*hinbreiten, zu Boden strecken*
189	sinere	sinō	sīvī	situm	*lassen, zulassen*
190	dēsinere	dēsinō	dēsiī	dēsitum	*ablassen, aufhören*
191	terere	terō	trīvī	trītum	*reiben, (Zeit) verschwenden*
192	quaerere	quaerō	quaesīvī	quaesītum	*suchen, fragen* (ex, ab)
193	exquīrere	exquīrō	exquīsīvī	exquīsītum	*(heraus)suchen, untersuchen*
194	petere	petō	petīvī	petītum	*erstreben, (er)bitten, verlangen*
195	appetere	appetō	appetīvī	appetītum	*begehren*
196	expetere	expetō	expetīvī	expetītum	*erstreben*
197	repetere	repetō	repetīvī	repetītum	*zurückfordern, wiederholen*
198	suppetere	suppetō	suppetīvī	–	*(ausreichend) vorhanden sein*
199	arcessere	arcessō	arcessīvī	arcessītum	*herbeiholen*

277	ūrere	ūrō	ussī	ustum	*etw. (ver)brennen*
278	mittere	mittō	mīsī	missum	*gehen lassen, schicken*
279	admittere	admittō	admīsī	admissum	*zulassen*
280	āmittere	āmittō	āmīsī	āmissum	*verlieren*
281	committere	committō	commīsī	commissum	*zusammenbringen, ausführen, anvertrauen*
282	dēmittere	dēmittō	dēmīsī	dēmissum	*hinab-/herablassen, senken*
283	dīmittere	dīmittō	dīmīsī	dīmissum	*entlassen, aufgeben*
284	omittere	omittō	omīsī	omissum	*aufgeben, (unter)lassen*
285	permittere	permittō	permīsī	permissum	*überlassen, erlauben*
286	prōmittere	prōmittō	prōmīsī	prōmissum	*versprechen*
287	remittere	remittō	remīsī	remissum	*zurückschicken, nachlassen*
288	cēdere	cēdō	cessī	cessūrus	*gehen, weichen*
289	accēdere	accēdō	accessī	accessūrus	*heranrücken, hinzutreten*
290	concēdere	concēdō	concessī	concessum	*weichen, zugeben*
291	dēcēdere	dēcēdō	dēcessī	–	*weggehen, sterben*
292	discēdere	discēdō	discessī	–	*weggehen, scheiden*
293	excēdere	excēdō	excessī	–	*heraus-, hinausgehen (über)*
294	incēdere	incēdō	incessī	–	*eindringen, (feierlich) schreiten*
295	prōcēdere	prōcēdō	prōcessī	–	*vorrücken*
296	sēcēdere	sēcēdō	sēcessī	–	*beiseite gehen, weggehen*
297	succēdere	succēdō	successī	–	*nachrücken, nachfolgen*
298	claudere	claudō	clausī	clausum	*(ab)schließen, versperren*
299	inclūdere	inclūdō	inclūsī	inclūsum	*einschließen*
300	interclūdere	interclūdō	interclūsī	interclūsum	*absperren*
301	dīvidere	dīvidō	dīvīsī	dīvīsum	*trennen, teilen*
302	laedere	laedō	laesī	laesum	*verletzen, stoßen*
303	lūdere	lūdō	lūsī	lūsum	*spielen, scherzen*
304	plaudere	plaudō	plausī	plausum	*(Beifall) klatschen*
305	vādere	vādō	–	–	*gehen*
306	ēvādere	ēvādō	ēvāsī	ēvāsūrus	*herausgehen, entkommen*
307	invādere	invādō	invāsī	invāsūrus	*eindringen, angreifen*
308	fīgere	fīgō	fīxī	fīxum	*anheften, befestigen*
309	trānsfīgere	trānsfīgō	trānsfīxī	trānsfīxum	*durchbohren*
310	flectere	flectō	flexī	flexum	*biegen, beugen*
311	spargere	spargō	sparsī	sparsum	*ausstreuen, besprengen*
312	premere	premō	pressī	pressum	*drücken*
313	opprimere	opprimō	oppressī	oppressum	*unterdrücken, überfallen*
314	exārdēscere	exārdēscō	exārsī	–	*entbrennen*

Reduplikationsperfekt

* Bei den Komposita meistens keine Reduplikation

315	sistere	sistō	stetī (stitī)	statum	*stellen, sich hinstellen*
316	cōnsistere	cōnsistō	cōnstitī	–	*sich hinstellen, (stehen) bleiben*

317	dēsistere	dēsistō	dēstitī	–	*Abstand nehmen, aufhören*
318	ex(s)istere	ex(s)istō	exstitī	–	*auftreten, entstehen*
319	resistere	resistō	restitī	–	*Widerstand leisten, innehalten*
320	canere	canō	cecinī	(cantātum)	*singen, (ein Instrument) spielen, blasen*
321	tangere	tangō	tetigī	tāctum	*berühren*
322	contingere	contingō	contigī*	contāctum	*berühren, gelingen*
		contingit	contigit*		*es gelingt/ist gelungen*
323	tendere	tendō	tetendī	tentum	*spannen, strecken*
324	contendere	contendō	contendī*	contentum	*(sich) anstrengen, kämpfen, eilen*
325	intendere	intendō	intendī*	intentum	*etwas richten auf*
326	ostendere	ostendō	ostendī*	–	*entgegenstrecken, zeigen*
327	cadere	cadō	cecidī	cāsūrus	*fallen*
328	accidere	accidō	accidī*	–	*zustoßen, sich ereignen*
		accidit	accidit*		*es ereignet sich/hat sich ereignet*
329	concidere	concidō	concidī*	–	*zusammenbrechen, niederstürzen*
330	incidere	incidō	incidī*	–	*hineingeraten, vorfallen*
331	occidere	occidō	occidī*	–	*niederfallen, untergehen*
332	caedere	caedō	cecīdī	caesum	*fällen, töten*
333	occīdere	occīdō	occīdī*	occīsum	*niederschlagen, töten*
334	pendere	pendō	pependī	pēnsum	*abwiegen, bezahlen*
335	impendere	impendō	impendī*	impēnsum	*aufwenden*
336	currere	currō	cucurrī	cursum	*laufen*
337	concurrere	concurrō	concurrī*	concursum	*zusammenlaufen, zusammenstoßen*
338	occurrere	occurrō	occurrī*	–	*begegnen, entgegentreten*
339	fallere	fallō	fefellī	–	*täuschen, unbemerkt bleiben*
		fallit	fefellit	falsus	*es entgeht/ist entgangen/falsch*
340	dēdere	dēdō	dēdidī	dēditum	*preisgeben, ausliefern*
341	ēdere	ēdō	ēdidī	ēditum	*herausgeben, äußern*
342	prōdere	prōdō	prōdidī	prōditum	*überliefern, verraten*
343	reddere	reddō	reddidī	redditum	*(zurück)geben, machen (zu)*
344	trādere	trādō	trādidī	trāditum	*übergeben, überliefern*
345	abdere	abdō	abdidī	abditum	*verbergen*
346	addere	addō	addidī	additum	*hinzufügen*
347	crēdere	crēdō	crēdidī	crēditum	*glauben, (an)vertrauen*
348	perdere	perdō	perdidī	perditum	*verderben, vernichten, verlieren*
349	vendere	vendō	vendidī	venditum	*verkaufen*
350	condere	condō	condidī	conditum	*gründen, bergen*
351	parcere	parcō	pepercī	parsūrus	*sparen, schonen*
352	pellere	pellō	pepulī	pulsum	*stoßen, (ver)treiben*
353	dēpellere	dēpellō	dēpulī*	dēpulsum	*vertreiben*
354	expellere	expellō	expulī*	expulsum	*hinausstoßen, vertreiben*
355	impellere	impellō	impulī*	impulsum	*antreiben, veranlassen*
356	repellere	repellō	reppulī	repulsum	*zurückstoßen, abweisen*

357	bibere	bibō	bibī	–	*trinken*
358	pangere	pangō	pepigī	pāctum	*festmachen, abmachen*
359	findere	findō	fidī	fissum	*spalten*
360	percellere	percellō	perculī	perculsum	*erschüttern*
361	pungere	pungō	pupugī	pūnctum	*stechen*
362	scindere	scindō	scidī	scissum	*zerreißen, spalten*
363	rescindere	rescindō	rescidī	rescissum	*einreißen*
364	tollere	tollō	sustulī	sublātum	*aufheben, beseitigen*
365	tundere	tundō	tutudī	tūsum	*stoßen*
366	poscere	poscō	poposcī	(postulātum)	*fordern, verlangen*
367	dēposcere	dēposcō	dēpoposcī	–	*fordern, verlangen*
368	discere	discō	didicī	–	*lernen*

Dehnungsperfekt

* Einige Komposita mit s-Perfekt

369	agere	agō	ēgī	āctum	*(be)treiben, (ver)handeln*
370	exigere	exigō	exēgī	exāctum	*heraustreiben, (ein)fordern, vollenden*
371	peragere	peragō	perēgī	perāctum	*durchführen, vollenden*
372	redigere	redigō	redēgī	redāctum	*zurückbringen, in einen Zustand bringen*
373	subigere	subigō	subēgī	subāctum	*unterwerfen*
374	cōgere	cōgō	coēgī	coāctum	*sammeln, zwingen*
375	frangere	frangō	frēgī	frāctum	*etw. (zer)brechen*
376	emere	emō	ēmī	ēmptum	*kaufen*
377	adimere	adimō	adēmī	adēmptum	*wegnehmen*
378	dirimere	dirimō	dirēmī	dirēmptum	*trennen*
379	dēmere	dēmō	dēmpsī*	dēmptum	*ab-, wegnehmen*
380	prōmere	prōmō	prōmpsī*	prōmptum	*hervorholen*
381	sūmere	sūmō	sūmpsī*	sūmptum	*nehmen*
382	cōnsūmere	cōnsūmō	cōnsūmpsī*	cōnsūmptum	*verbrauchen*
383	legere	legō	lēgī	lēctum	*lesen, auslesen*
384	colligere	colligō	collēgī	collēctum	*sammeln*
385	dēligere	dēligō	dēlēgī	dēlēctum	*auswählen, wählen*
386	ēligere	ēligō	ēlēgī	ēlēctum	*auswählen, wählen*
387	dīligere	dīligō	dīlēxī*	dīlēctum	*(hoch)schätzen, lieben*
388	intellegere	intellegō	intellēxī*	intellēctum	*einsehen, verstehen*
389	neglegere	neglegō	neglēxī*	neglēctum	*vernachlässigen, nicht beachten*
390	relinquere	relinquō	relīquī	relictum	*zurücklassen, verlassen*
391	vincere	vincō	vīcī	victum	*siegen, besiegen*
392	dēvincere	dēvincō	dēvīcī	dēvictum	*(völlig) besiegen*
393	convincere	convincō	convīcī	convictum	*jmd. einer Schuld überführen*
394	rumpere	rumpō	rūpī	ruptum	*etw. (zer)brechen*
395	corrumpere	corrumpō	corrūpī	corruptum	*verderben, bestechen*

396	irrumpere	irrumpō	irrūpī	irruptum	*einbrechen, eindringen*
397	edere	edō	ēdī	ēsum	*essen*
398	fundere	fundō	fūdī	fūsum	*(hin)gießen, vertreiben*
399	diffundere	diffundō	diffūdī	diffūsum	*zerstreuen, verbreiten*
400	effundere	effundō	effūdī	effūsum	*ausgießen, vergeuden*
401	cōnsīdere	cōnsīdō	cōnsēdī	cōnsessum	*sich setzen, sich niederlassen*
402	obsīdere	obsīdō	obsēdī	obsessum	*besetzen*

Perfekt ohne Veränderung des Präsensstammes

403	accendere	accendō	accendī	accēnsum	*anzünden*
404	incendere	incendō	incendī	incēnsum	*anzünden*
405	dēfendere	dēfendō	dēfendī	dēfēnsum	*abwehren, verteidigen*
406	offendere	offendō	offendī	offēnsum	*anstoßen, beleidigen*
407	comprehendere	comprehendō	comprehendī	comprehēnsum	*(er)fassen, verhaften*
408	reprehendere	reprehendō	reprehendī	reprehēnsum	*tadeln*
409	scandere	scandō	scandī	–	*steigen*
410	ascendere	ascendō	ascendī	ascēnsum	*hinaufsteigen*
411	dēscendere	dēscendō	dēscendī	dēscēnsum	*herabsteigen*
412	trānscendere	trānscendō	trānscendī	trānscēnsum	*überschreiten*
413	vertere	vertō	vertī	versum	*wenden*
414	āvertere	āvertō	āvertī	āversum	*abwenden*
415	convertere	convertō	convertī	conversum	*wenden, verwandeln*
416	ēvertere	ēvertō	ēvertī	ēversum	*umstürzen, zerstören*
417	animadvertere	animadvertō	animadvertī	animadversum	*wahrnehmen, einschreiten (gegen)*
418	āvellere	āvellō	āvellī	āvulsum	*abreißen*
419	excellere	excellō	–	–	*hervorragen, sich auszeichnen*
420	furere	furō	–	–	*rasen, wüten*
421	vergere	vergō	–	–	*sich neigen*
422	verrere	verrō	–	–	*fegen*
423	vīsere	vīsō	–	–	*besichtigen*
424	minuere	minuō	minuī	minūtum	*(ver)mindern*
425	statuere	statuō	statuī	statūtum	*aufstellen, feststellen, beschließen*
426	cōnstituere	cōnstituō	cōnstituī	cōnstitūtum	*festsetzen, beschließen*
427	īnstituere	īnstituō	īnstituī	īnstitūtum	*einrichten, unterrichten*
428	restituere	restituō	restituī	restitūtum	*wiederherstellen*
429	metuere	metuō	metuī	–	*fürchten*
430	tribuere	tribuō	tribuī	tribūtum	*zuteilen, verteilen*
431	distribuere	distribuō	distribuī	distribūtum	*verteilen*
432	induere	induō	induī	indūtum	*etw. anziehen, anlegen*
433	exuere	exuō	exuī	exūtum	*etw. ausziehen, jmd. berauben*
434	ruere	ruō	ruī	ruitūrus	*sich stürzen, eilen, stürmen*
435	obruere	obruō	obruī	obrutum	*überschütten*
436	arguere	arguō	arguī	(accusātum)	*behaupten, anklagen*

437	congruere	congruō	congruī	–	*übereinstimmen*
438	luere	luō	luī	luitūrus	*lösen, zahlen, büßen*
439	solvere	solvō	solvī	solūtum	*lösen, zahlen*
440	absolvere	absolvō	absolvī	absolūtum	*freisprechen, vollenden*
441	dissolvere	dissolvō	dissolvī	dissolūtum	*auflösen*
442	volvere	volvō	volvī	volūtum	*wälzen, rollen*

Deponentien

443	fungī	fungor	fūnctus sum	*(Abl.) verrichten, verwalten*
444	dēfungī	dēfungor	dēfūnctus sum	*erledigen, sterben*
445	querī	queror	questus sum	*klagen, beklagen*
446	loquī	loquor	locūtus sum	*reden, sprechen*
447	alloquī	alloquor	allocūtus sum	*ansprechen*
448	colloquī	colloquor	collocūtus sum	*sich unterreden*
449	sequī	sequor	secūtus sum	*(Akk.) folgen*
450	assequī	assequor	assecūtus sum	*erreichen, erlangen*
451	cōnsequī	cōnsequor	cōnsecūtus sum	*einholen, erlangen*
452	exsequī	exsequor	exsecūtus sum	*ausführen, verfolgen*
453	persequī	persequor	persecūtus sum	*verfolgen*
454	fruī	fruor	fruitūrus	*(Abl.) genießen*
455	lābī	lābor	lāpsus sum	*gleiten, fallen*
456	ēlābī	ēlābor	ēlāpsus sum	*entschlüpfen*
457	ūtī	ūtor	ūsus sum	*(Abl.) benutzen, gebrauchen*
458	nītī	nītor	nīsus/nīxus sum	*sich stützen, streben*
459	amplectī	amplector	amplexus sum	*umarmen, umfassen*
460	complectī	complector	complexus sum	*umfassen, umschließen*
461	nāscī	nāscor	nātus sum	*geboren werden, entstehen*
462	nancīscī	nancīscor	na(n)ctus sum	*(durch Zufall) erlangen*
463	ulcīscī	ulcīscor	ultus sum	*(sich) rächen*
464	īrāscī	īrāscor	–	*zürnen, grollen*
			irātus	*zornig*
465	adipīscī	adipīscor	adeptus sum	*(durch Anstrengung) erlangen, erreichen*
466	proficīscī	proficīscor	profectus sum	*hervorgehen, aufbrechen, (ab)marschieren*
467	comminīscī	comminīscor	commentus sum	*ersinnen*
468	reminīscī	reminīscor	(recordātus sum)	*sich erinnern*
469	oblīvīscī	oblīvīscor	oblītus sum	*vergessen*
470	vēscī	vēscor	(vīxī)	*sich nähren*
471	expergīscī	expergīscor	experrēctus sum	*erwachen*
472	pacīscī	pacīscor	pactus sum	*festmachen, abmachen*

Halbdeponentien

473	fīdere	fīdō	fīsus sum	*(ver)trauen*

474 cōnfīdere	cōnfīdō	cōnfīsus sum		*(ver)trauen*
475 diffīdere	diffīdō	diffīsus sum		*misstrauen*
476 revertī	revertor	revertī		*zurückkehren*
		reversus		*zurückgekehrt*
477 dēvertī	dēvertor	dēvertī		*einkehren*

VERBEN DER GEMISCHTEN KONJUGATION

v-Perfekt

478 cupere	cupiō	cupīvī	cupītum	*begehren, wünschen*

u-Perfekt

479 rapere	rapiō	rapuī	raptum	*raffen, rauben*
480 dīripere	dīripiō	dīripuī	dīreptum	*plündern*
481 ēripere	ēripiō	ēripuī	ēreptum	*entreißen*

s-Perfekt

482 āspicere	āspiciō	āspexī	āspectum	*hinblicken, ansehen*
483 cōnspicere	cōnspiciō	cōnspexī	cōnspectum	*erblicken, ansehen*
484 dēspicere	dēspiciō	dēspexī	dēspectum	*herabsehen, verachten*
485 prōspicere	prōspiciō	prōspexī	prōspectum	*vorhersehen, sorgen für*
486 respicere	respiciō	respexī	respectum	*berücksichtigen*
488 concutere	concutiō	concussī	concussum	*schütteln, erschüttern*
487 quatere	quatiō	–	–	*erschüttern*
489 excutere	excutio	excussī	excussum	*abschütteln*
490 percutere	percutiō	percussī	percussum	*erschüttern, durchstoßen*

Reduplikationsperfekt

491 parere	pariō	peperī	partum	*hervorbringen, gebären,*
			(paritūrus)	*erwerben*

Dehnungsperfekt

492 capere	capiō	cēpī	captum	*fassen, fangen, nehmen*
493 accipere	accipiō	accēpī	acceptum	*annehmen, empfangen, vernehmen*
494 concipere	concipiō	concēpī	conceptum	*empfangen, erfassen*
495 dēcipere	dēcipiō	dēcēpī	dēceptum	*täuschen*
496 excipere	excipiō	excēpī	exceptum	*ausnehmen, aufnehmen*
497 percipere	percipiō	percēpī	perceptum	*erfassen, wahrnehmen*
498 praecipere	praecipiō	praecēpī	praeceptum	*vorwegnehmen, vorschreiben*
499 recipere	recipiō	recēpī	receptum	*zurücknehmen, aufnehmen*
500 suscipere	suscipiō	suscēpī	susceptum	*unternehmen, aufnehmen*
501 incipere	incipiō	coepī	inceptum	*anfangen, beginnen*
			(coeptum)	

502	facere	faciō	fēcī	factum	*machen, tun*
503	patefacere	patefaciō	patefēcī	patefactum	*öffnen, aufdecken*
504	satisfacere	satisfaciō	satisfēcī	satisfactum	*(Dat.) befriedigen*
505	afficere	afficiō	affēcī	affectum	*versehen mit, behandeln*
506	cōnficere	cōnficiō	cōnfēcī	cōnfectum	*vollenden, aufreiben*
507	dēficere	dēficiō	dēfēcī	dēfectum	*abfallen, ausgehen, fehlen*
508	efficere	efficiō	effēcī	effectum	*fertigbringen, bewirken*
509	interficere	interficiō	interfēcī	interfectum	*niedermachen, töten*
510	perficere	perficiō	perfēcī	perfectum	*vollenden, durchsetzen*
511	praeficere	praeficiō	praefēcī	praefectum	*an die Spitze stellen*
512	prōficere	prōficiō	prōfēcī	prōfectum	*Fortschritte machen, nützen*
513	reficere	reficiō	refēcī	refectum	*wiederherstellen*
514	iacere	iaciō	iēcī	iactum	*werfen, schleudern*
515	adicere	adiciō	adiēcī	adiectum	*hinzufügen*
516	conicere	coniciō	coniēcī	coniectum	*(zusammen)werfen, vermuten*
517	dēicere	dēiciō	dēiēcī	dēiectum	*herabwerfen*
518	ēicere	ēiciō	ēiēcī	ēiectum	*hinauswerfen, vertreiben*
519	inicere	iniciō	iniēcī	iniectum	*hineinwerfen, (Schrecken) einjagen*
520	obicere	obiciō	obiēcī	obiectum	*entgegenwerfen, vorwerfen*
521	subicere	subiciō	subiēcī	subiectum	*unterwerfen*
522	trāicere	trāiciō	trāiēcī	trāiectum	*hinüberbringen, übersetzen*
523	fodere	fodiō	fōdī	fossum	*graben, stechen*
524	fugere	fugiō	fūgī	fugitūrus	*fliehen, meiden*
		fugit	fūgit		*es entgeht/ist verborgen geblieben*
525	cōnfugere	cōnfugiō	cōnfūgī	–	*fliehen*
526	effugere	effugiō	effūgī	–	*entkommen*
527	profugere	profugiō	profūgī	–	*flüchten*

Deponentien

528	orīrī	orior	ortus sum	*entstehen, sich erheben*
529	exorīrī	exorior	exortus sum	*entstehen, sich erheben*
530	morī	morior	mortuus sum	*sterben*
			moritūrus	*dem Tod geweiht*
531	patī	patior	passus sum	*leiden, zulassen*
532	perpetī	perpetior	perpessus sum	*erdulden*
533	gradī	gradior	gressus sum	*schreiten*
534	aggredī	aggredior	aggressus sum	*angreifen*
535	ēgredī	ēgredior	ēgressus sum	*hinausgehen*
536	ingredī	ingredior	ingressus sum	*betreten, schreiten*
537	prōgredī	prōgredior	prōgressus sum	*vorrücken*

Unregelmäßige Verben

esse und seine Komposita

538	esse	sum	fui	–	*sein*
539	abesse	absum	āfui	–	*abwesend sein, entfernt sein*
540	adesse	adsum	affuī/adfuī	–	*anwesend sein, helfen*
541	dēesse	dēsum	dēfuī	–	*fehlen*
542	inesse	insum	(fuī)	–	*darin sein*
543	interesse	intersum	interfuī	–	*teilnehmen*
		interest	interfuit	–	*es liegt daran/hat daran gelegen*
544	praeesse	praesum	praefuī	–	*voranstehen, leiten*
545	superesse	supersum	superfuī	–	*übrig sein, überleben*
546	posse	possum	potuī	–	*können*
547	prōdesse	prōsum	prōfuī	–	*nützen*

ferre und seine Komposita

548	ferre	ferō	tulī	lātum	*tragen, bringen*
549	afferre	afferō	attulī	allātum	*herbeibringen, -tragen*
550	auferre	auferō	abstulī	ablātum	*wegtragen, -nehmen*
551	cōnferre	cōnferō	cōntulī	collātum	*zusammentragen, vergleichen*
552	dēferre	dēferō	dētulī	dēlātum	*überbringen, melden*
553	differre	differō	distulī	dīlātum	*verschieben, sich unterscheiden*
554	efferre	efferō	extulī	ēlātum	*hinaustragen, bestatten*
555	īnferre	īnferō	īntulī	illātum	*hineintragen, zufügen*
556	offerre	offerō	obtulī	oblātum	*anbieten*
557	perferre	perferō	pertulī	perlātum	*ertragen, überbringen*
558	referre	referō	rettulī	relātum	*zurückbringen, berichten, beziehen auf*
		rēfert	rētulit		*es liegt daran/hat daran gelegen*
559	trānsferre	trānsferō	trānstulī	trānslātum	*hinüberbringen, übertragen*
560	(tollere)	(tollo)	sustulī	sublātum	*aufheben, beseitigen*

īre und seine Komposita

561	īre	eō	iī	itum	*gehen*
562	abīre	abeō	abiī	abitum	*weggehen*
563	adīre	adeō	adiī	aditum	*herangehen, aufsuchen*
564	coīre	coeō	coiī	coitum	*zusammenkommen*
565	exīre	exeō	exiī	exitum	*herausgehen*
566	obīre	obeō	obiī	obitum	*besuchen, übernehmen,* (mortem) *sterben*
567	perīre	pereō	periī	peritum	*zugrunde gehen*
568	praeterīre	praetereō	praeteriī	praeteritum	*vorbeigehen, übergehen*
		praeterit	praeteriit		*es entgeht/ist entgangen*

569	subīre	subeō	subiī	subitum	*unternehmen*
570	trānsīre	trānseō	trānsiī	trānsitum	*überschreiten*
571	vēnīre	vēneō	vēniī	–	*verkauft werden*

572	velle	volō	voluī	–	*wollen*
573	nōlle	nōlō	nōluī	–	*nicht wollen*
574	mālle	mālō	māluī	–	*lieber wollen*

WICHTIGE UNPERSÖNLICHE VERBEN

575	accidere	accidit	accidit	*es ereignet sich*
576	appārēre	appāret	appāruit	*es ist offenkundig*
577	condūcere	condūcit	condūxit	*es nützt*
578	cōnstāre	cōnstat	cōnstitit	*es steht fest*
579	contingere	contingit	contigit	*es gelingt, es glückt*
580	decēre	decet	decuit	*es ziemt sich*
581	dēdecēre	dēdecet	dēdecuit	*es ziemt sich nicht*
582	ēvenīre	ēvenit	ēvēnit	*es ereignet sich*
583	expedīre	expedit	–	*es nützt*
584	fallere	fallit	fefellit	*es entgeht, bleibt verborgen*
585	fugere	fugit	fūgit	*es entgeht, bleibt verborgen*
586	interesse	interest	interfuit	*es liegt daran, es ist wichtig*
587	iuvāre	iuvat	iūvit	*es freut*
588	libēre	libet	libuit	*es beliebt*
589	licēre	licet	licuit	*es ist erlaubt*
590	liquēre	liquet	–	*es ist klar*
591	miserēre	miseret	–	*es tut leid*
592	oportēre	oportet	oportuit	*es ist in Ordnung, es muss*
593	paenitēre	paenitet	paenituit	*es reut*
594	pigēre	piget	piguit	*es verdrießt*
595	placēre	placet	placuit	*es gefällt, man beschließt*
596	praestāre	praestat	praestitit	*es ist besser*
597	praeterīre	praeterit	praeteriit	*es entgeht, bleibt verborgen*
598	pudere	pudet	puduit	*es beschämt*
599	rēferre	rēfert	rētulit	*es liegt daran, es ist wichtig*
600	taedēre	taedet	taesum est	*es ekelt*

Alphabetische Verbliste

Die Zahl hinter dem Verb bezeichnet die Nummer, unter der es im Verzeichnis „Stammformen wichtiger Verben" zu finden ist.

Die Buchstaben weisen auf die zugehörigen Konjugationstabellen hin. Dabei bedeutet:

aK	= a-Konjugation (amāre)	aD	= Deponens der a-Konjugation (hortārī)
eK	= e-Konjugation (monēre)	eD	= Deponens der e-Konjugation (verērī)
iK	= i-Konjugation (audīre)	iD	= Deponens der i-Konjugation (largīrī)
kK	= konsonantische Konjugation (regere)	kD	= Deponens der konsonantischen Konjugation (sequī)
gK	= gemischte Konjugation (capere)	gD	= Deponens der gemischten Konjugation (patī)
uV	= unregelmäßiges Verb	HD	= Halbdeponens der entsprechenden Konjugation
dV	= defektives Verb		

Bei den Komposita der unregelmäßigen Verben steht das als Beispielverb für die Konjugation dienende Simplex.

Die Beispielverben sind in der alphabetischen Verbliste durch Grün hervorgehoben.

Eine Zahl ohne Konjugationsangabe weist auf ein unpersönliches Verb hin.

A

abdere . . . 345 kK
abdūcere . . . 242 kK
abesse . . . 539 uV esse
abīre . . . 562 uV īre
absolvere . . . 440 kK
abstinēre . . . 83 eK
accēdere . . . 289 kK
accendere . . . 403 kK
accidere . . . 328 kK, 575
accipere . . . 493 gK
addere . . . 346 kK
addūcere . . . 243 kK
adesse . . . 540 uV esse
adhibēre . . . 68 eK
adhortārī . . . 31 aD
adicere. . . . 515 gK
adimere . . . 377 kK
adipīscī . . . 465 kD
adīre . . . 563 uV īre
adiuvāre. . . . 15 aK
admirārī. . . . 37 aD
admittere . . . 279 kK
admonēre . . . 74 eK
adolēscere . . . 210 kK
adorīrī. . . . 177 iD
aemulārī . . . 18 aD
afferre . . . 549 uV ferre
afficere . . . 505 gK
agere . . . 369 kK
aggredī . . . 534 gD
alere . . . 222 kK
alloquī . . . 447 kD
amāre . . . 1 aK
āmittere . . . 280 kK
amplectī. . . . 459 kD
animadvertere . . . 417 kK
aperīre . . . 150 iK
appārēre . . . 99 eK, 576
appetere . . . 195 kK
arbitrārī . . . 19 aD
arcēre . . . 64 eK
arcessere . . . 199 kK
ārdēre . . . 107 eK
arguere . . . 436 kK
ascendere. . . . 410 kK
ascīscere . . . 211 kK
āspernārī . . . 50 aD
āspicere . . . 482 gK
assentīrī . . . 176 iD
assequī . . . 450 kD
assuēscere . . . 205 kK
audēre. . . . 146 eHD
audīre . . . 148 iK
auferre. . . . 550 uV ferre
augēre . . . 105 eK
auxiliārī . . . 20 aD
āvellere . . . 418 kK
āvertere . . . 414 kK

B

bibere . . . 357 kK
blandīrī. . . . 169 iD

C

cadere . . . 327 kK
caedere . . . 332 kK
canere . . . 320 kK
capere . . . 492 gK
capessere . . . 200 kK
carēre . . . 90 eK
cavēre . . . 122 eK
cēdere . . . 288 kK
cēnsēre . . . 89 eK
cernere . . . 182 kK

V